# 教育科学研究与课题管理

——一种基于省域的个案研究

谢剑虹◎著

吉林人民出版社

# 图书在版编目（CIP）数据

教育科学研究与课题管理：一种基于省域的个案研究 / 谢剑虹著. -- 长春：吉林人民出版社, 2023.7
ISBN 978-7-206-20097-7

Ⅰ.①教… Ⅱ.①谢… Ⅲ.①教育科学—科研管理—研究 Ⅳ.①G40-03

中国国家版本馆CIP数据核字（2023）第127826号

责任编辑：王一莉
封面设计：清　风

# 教育科学研究与课题管理 —— 一种基于省域的个案研究
JIAOYU KEXUE YANJIU YU KETI GUANLI —— YI ZHONG JIYU SHENGYU DE GE AN YANJIU

著　　者：谢剑虹
出版发行：吉林人民出版社（长春市人民大街7548号　邮政编码：130022）
咨询电话：0431-85378033
印　　刷：长春市昌信电脑图文制作有限公司
开　　本：787mm×1092mm　1/16
印　　张：14.25　　　　　　　字　　数：210千字
标准书号：ISBN 978-7-206-20097-7
版　　次：2023年7月第1版　　印　　次：2023年7月第1次印刷
定　　价：59.80元

如发现印装质量问题，影响阅读，请与出版社联系调换。

# 前　言

《教育部关于加强新时代教育科学研究工作的意见》指出：教育科学研究是教育事业的重要组成部分，对教育改革发展具有重要的支撑、驱动和引领作用。进入新时代，加快推进教育现代化，建设教育强国，办好人民满意的教育，迫切需要教育科研更好地探索规律、破解难题、引领创新。随之，教育科学研究越来越得到各类学校的重视，越来越多的教师及其他教育工作者加入了教育科学研究的队伍。但是，教育科学研究工作具有自身独特的发展规律，只有在遵循规律的基础上，才能做好教育科学研究工作。但目前还有相当一部分教师和其他教育工作者对教育科学研究的规律认识不足，导致研究工作不尽如人意。本书从教育科学研究的概念内涵出发，阐释了教育科学研究的特征、步骤、方法、表述、实施等一系列问题，能为广大教育科学研究工作者提供理论与实践借鉴。

全书共分为九章，第一章从理论上概述了教育科学研究的内涵、本质特征、原则与趋势等。第二章从教育科学研究的价值分析、教育科学研究计划的制订、教育科学研究的具体实施等方面阐释了教育科学研究的步骤。第三章主要阐释了教育科学研究选题的基本原则及路径。第四章主要从内涵、分类等方面阐释了教育科学研究方法，并详细分析了常用的几种研究方法。第五章从课题的类型与层次、课题的申报程序、课题设计论证书的写作等方面阐述了教育科研课题的申报管理。第六章从开题论证的价值与方式、开题报告的撰写、开题论证会的组织等方面阐述了教育科研课题的开题管理。第七章从课题内容的分析、研究方法的落实、阶段成果的类型、中期检查的组织等方面阐述了教育科研课题的实施。第八章从教育科研成果表述的步骤、研究报告的撰写、论文的撰写等方面阐述了教育科研成果的表述问题。第九章阐述了教育科研课题结题的基本要求、结题方式以及教育科研成果的应用与推广等。

  本书的完稿历时三年多时间，其间多次对国内教育研究专家、各类学校的有关领导和专家进行走访调研，让我受益匪浅、收获颇多，书中许多观点是在他们的启发下思考而成，在此，表示最真挚的谢意！吉林人民出版社的领导和编辑对本书的出版给予了大力支持，在此表示真诚的谢意！

  因本人水平有限，本书还有许多不足之处，请各位读者批评指正。

谢剑虹<br>
2023年3月于长沙

# 目 录

**第一章 教育科学研究的概论** ······ 001
 第一节 教育科学研究的内涵 ······ 001
 第二节 教育科学研究的本质特征 ······ 006
 第三节 教育科学研究的原则与趋势 ······ 011

**第二章 教育科学研究的步骤** ······ 014
 第一节 教育科学研究的价值分析 ······ 014
 第二节 教育科学研究计划的制订 ······ 017
 第三节 教育科学研究的具体实施 ······ 018

**第三章 教育科学研究的选题** ······ 021
 第一节 教育科学研究确立选题的基本原则 ······ 021
 第二节 教育科学研究选题的路径 ······ 024

**第四章 教育科学研究的方法** ······ 031
 第一节 教育科学研究方法概述 ······ 031
 第二节 教育科学研究方法的分类 ······ 033
 第三节 教育科学研究的定性分析与定量分析 ······ 035
 第四节 教育科学研究常用的几种方法 ······ 039

**第五章 教育科研课题的申报** ······ 077
 第一节 课题的类型与层次 ······ 077
 第二节 课题的申报程序 ······ 082
 第三节 课题设计论证书的写作 ······ 085

**第六章 教育科研课题的开题** ······ 112
 第一节 开题论证的价值与方式 ······ 112
 第二节 开题报告的撰写 ······ 116

  第三节 开题论证会的组织 ·················· 120

**第七章 教育科研课题的实施** ················ 137
  第一节 课题内容的分析 ···················· 137
  第二节 研究方法的落实 ···················· 140
  第三节 阶段成果的类型 ···················· 141
  第四节 中期检查的组织 ···················· 145

**第八章 教育科研成果的表述** ················ 153
  第一节 教育科研成果表述的步骤 ·············· 153
  第二节 教育科研课题研究报告的撰写 ············ 155
  第三节 教育科研论文的撰写 ·················· 160

**第九章 教育科研课题的结题鉴定** ·············· 192
  第一节 教育科研课题结题的基本要求 ············ 192
  第二节 教育科研课题结题的方式 ·············· 195
  第三节 教育科研成果的应用与推广 ············ 196

**参考文献** ································ 220

# 第一章　教育科学研究的概论

## 第一节　教育科学研究的内涵

### 一、教育科学研究的概念

我国教育部将科学研究定义为"为了增进知识包括关于人类文化和社会的知识以及利用这些知识去发明新的技术而进行的系统的创造性工作"。实际上，科学研究是一种系统性的认识活动，它源自人类对自然现象的发现和探索，具有较强的探究意识和明确的目的性，通过严密的研究方法并遵循一定的研究范式，确保所发现的问题有计划地得到解决。教育科学研究就是采用科学的方法，按照一定的路径，有计划、有组织且系统地对教育现象和规律进行科学研究的活动。

教育科学研究并没有统一的定义，较为常见的有两种，分别是从教育科学研究的目的和过程出发进行界定。从教育科学研究的目的出发，是指为探明教育内部各要素间的规律，辨析教育系统及其与社会其他子系统之间关系，并做出严格科学结论的一种认识活动；从教育科学研究的过程出发，是指运用一定的研究方法，遵循一定的研究程序，通过对教育现象的解释、预测和控制，探索教育规律的活动过程。从本质上来看，上述两种定义虽然各有侧重，但是，在内涵上是一致的，均强调揭示教育活动的本质和规律。

教育科学研究由三个要素构成。首先是现象与客观事实。教育理论是对教育现象和事实的总结和概括，教育现象和客观事实是形成教育科学理论的基础。其次是理论抽象体系。只有以严密的理论体系再现和阐释教育现象及过程,才能更深刻地揭示和说明教育的本质和规律。最后是方法和技术,即为了实现研究目标所遵循的思维方式和手段。

## 二、教育科学研究的价值和意义

### (一)教育科学研究的价值

1. 理论价值

(1)建立新教育理论,推进教育理论的发展

教育科学研究的一个重要目的就是建立新的教育理论。教育作为社会系统下的一个子系统,其研究领域宽广、研究内容丰富、研究层次多样,现有的教育科学研究尚不能完全覆盖所有的教育现象和实践。随着社会的进一步发展和科学技术的日新月异,教育中不断出现新的实践和问题,都迫切要求进行新的教育科学研究。教育科学研究就是通过对新的教育事实和经验进行分析和综合、概括和抽象、类比和推理,进一步认识教育诸要素之间的矛盾与联系,揭示真相,解释事实,得出结论,将实践经验上升到理论层面,从而把握教育发展的新规律,形成教育科学新的知识体系和理论框架。可以说,没有教育科学研究,就无法建立新教育理论,现代教育理论就会失去发展的源泉和基础。

(2)完善现有教育理论,深化人们对教育及其规律的认识

现有教育理论待完善性和未竟性特征十分明显,主要表现为重思辨轻实践,抽象化程度偏低,翻译、介绍、模仿国外较多而开创性不足,晦涩的"学术概念"偏多等问题。究其原因,主要在于研究思维的不全面、研究范式的不协调和研究内容的不可持续,从而导致教育理论的发展不能满足教育实践的需求,教育理论研究呈现出数量上的"虚假繁荣",但缺乏内在的一致性和逻辑性。

教育科学研究具有丰富教育知识体系、完善教育理论的意义。教师通过开展科学的、逻辑的教育科学研究活动,将实践中积累的丰富生动的教育案例和经验进行分析和综合、抽象和概括、比较和分类,能够使认识从具体到抽象,再到思维的具体,进而验证现有规律的适切性,修改和补

充现有教育理论中的不足，促进教育理论的完善，并通过理论与实践的结合，进一步深化人们对教育及其规律的认识，切实发挥理论对实践的指导作用。例如，曾任辽宁省盘锦市实验中学校长的特级教师魏书生在教育实践中积极开展教育科学研究，在教学中研究学生心理，改革教学方法，提出了"六步课堂教学法"，有效地改善了教与学不协调的状况。这极大地丰富了教育理念和方法，推动着教育教学理论的不断完善。

2. 实践价值

（1）解决教育实践问题

教育科学研究通过探讨人类知识与价值观念传递过程中的教育现象，探究新的形势、要求和矛盾条件下富有成效的教育理论，能进一步发挥理论思维的作用，揭示教育规律和特点，从而有效地指导教育实践活动，促进教育实践问题的解决。如对于学生身心发展规律的研究能够帮助教师更好地了解各个阶段学生发展的特点，结合学生发展的阶段性规律采用适当的教学方法和教学手段，促进学生更好地学和教师更好地教。

（2）提高教育决策水平

若仅凭个人知识、经验，教育决策就会视野狭窄，缺乏前瞻性与战略性。教育科学研究可以为教育决策提供理论上的专业性支持。只有在教育科学研究的基础上决策，才能使管理者结合宏观的教育规律和教育背景，基于具体的教育情境，以综合的知识体系、科学的程序和方法，正确地观察与分析复杂多变的教育现象，做出有理性的、有意识的、符合客观规律的决策，达成管理的科学化、民主化。比如，对高等教育办学类型、层次结构等的研究，直接影响着我国高等教育顶层设计与财政投入的决策选择。教育科学研究既可用直接的方式影响教育决策，也能以间接的方式影响教育决策。

（3）促进教师专业化发展

教师专业化是指教师个体专业水平提高的过程和教师群体为取得专业地位而努力的过程，这既是对教师职业资格的认定，也是教师持续学习、不断追求职业成长的自觉行为。教师在进行教育研究时需要学习有关教育教学理论，更新教育观念，查阅大量的文献资料，设计课题方案，进行改革实验。这有助于优化教师的知识结构，使教师对所教学科的知识体系把握更全面、理解更透彻、见解更独特，进而增强批判意识，提高发现问题并进行价值判断、解决问题并进行理论思考的能力，提高理论概括和语言表达的能力。这一过程，有利于教师发现自身价值，提高教育教学能力和专业水平，增强教师的职业成就感和幸福感，使教师既有内在修为，又具外显成果，实现从经验型教师向学者型或专家型教师的转化。

### （二）教育科学研究的意义

#### 1. 促进教育改革与发展

教育要发展，要全面推进素质教育实施，必须加大教育改革的力度。教育改革不能是盲目的，必须依靠教育科学研究的理论指导、超前论证和实验探索。我们要通过教育科研转变教育观念，为教育改革和发展扫清道路，使我国教育改革进一步深化。总之，教育事业要发展，教育科研要先行，就要依靠教育科研全面推动教育改革和发展。

#### 2. 辅助教育政策的制定

教育研究能够影响教育政策的制定。在过去的几十年里，教育研究的成果在一定程度上通过教育政策影响了教育决策和实践。但是，因为教育政策的制定受到政治的、经济的、社会的和文化的许多因素的影响，并且政策制定是一个严肃而复杂的过程，有着自己的规则，教育研究的成果并不一定能直接影响教育政策的制定。究其原因，一方面，教育研究包含有价值观，把研究结果应用于实践也就意味着把一系列的价值观融入教育实践；另一方面，即使研究结果引起了政策制定者的注意，通常也只会成为政策制定时众多的辅助信息之一。

#### 3. 解决各类学校教育实践问题

教育研究能够解决实际中存在的许多问题。比如：通过开发性研究，将教育研究的相关理论成果直接用于解决教育实践中存在的某些问题；通过普适性研究，提出具有普遍意义的问题解决方案；通过开展应用性研究，直接提出某一具体问题的解决方案。

#### 4. 完善教育科学理论体系

发展和完善教育科学理论，构建具有中国特色的社会主义教育理论体系，需要教育科学研究支持。研究者通过观察、调查和实验等方法，对教育实践经验进行归纳和推理、分析和综合、抽象和概括，总结经验和教训，从而发现教育规律，得出结论。尤其是近年来，广大教育科学研究工作者在深入调查研究我国教育现状的基础上，对我国教育进行全方位的历史回顾和反思，认真总结我国教育改革和发展过程中的经验和教训，对教育理论和实践的基本问题进行深入研究，丰富了我国社会主义教育理论体系。

### 三、教育科学研究的对象

有关教育科学研究的对象，当前尚未形成一致的看法。国内外现有的相关文献关于教育科学研究对象的观点主要有以下四种：

第一，教育科学研究的对象是人。教育是培养人的社会实践活动，教育的对象是人，教育科学研究的对象当然也是人。可见，把教育科学研究对象确定为人显然有一定的合理性，但是，仔细斟酌就会发现这一说法不够严密，因为，大部分的研究都与人有密切关系，例如，社会学、心理学、人类学等，将人确定为研究对象，会使教育科学与其他学科的区分度不高，不利于教育科学研究的开展。

第二，教育科学研究的对象是教育现象。教育现象是指教育的外在表现，包括各种形式、类型和模式的教育事实。这一观点主要来源于苏联的教育思想。它的基本假设是教育科学应透过现象把握本质。从哲学观点来看，现象是相对本质而言的，根据外部环境的变化，现象是变幻莫测且纷繁复杂的，因此，将现象作为教育科学研究的对象，只考虑了教育的外部联系，缺少整体关照的思维，也难以揭示教育科学的内在规律。

第三，教育科学研究的对象是教育规律。教育科学研究是对教育活动中的事件和过程进行研究，发掘教育活动内在的、本质的和必然的联系的过程。实际上，教育科学中真正称得上规律的东西并不是很多，也并非所有的研究都要涉及教育规律，例如，一些描述性和解释性的研究，就只是阐述了教育的客观事实，并没有揭示教育规律，但是，这些研究可以为上级部门制定教育政策提供依据。因此，将教育规律界定为研究对象，会将许多并未涉及规律的研究拒之门外。

第四，教育科学研究的对象是教育存在。教育存在的形态主要包括三大类型：一是"教育活动型存在"，包括一切以影响人的身心发展为直接目标的所有人类实践活动；二是"教育观念型存在"，是指各种在教育认识活动中形成的有关教育的意见、思想、观点、理论、学科等；三是"教育研究反思性存在"，是对教育研究活动及教育学科本身发展性问题的研究产物。这种界定存在一种过度理论化、抽象化的倾向，将会导引教育科学研究拘泥于客观性、科学性和规范性，而排斥实践逻辑以及研究者价值的介入，违背其主观与客观辩证统一的特点。

对于教育研究对象，众说纷纭。这说明了教育研究对象的多面性、复杂性、重要性和发展性。虽然不同观点表述各异，或宽泛或聚焦，但均在"教育问题"和"教育学问题"范畴内。正如德国教育学家布雷岑卡指出的：由于教育行为只能在教育"目的—手段"关系的框架中才能得到理解，因此，教育科学研究的核心对象是作为整体的教育"目的—手段"关系。也就是说，教育科学研究的对象是为实现既定教育目的所需要采纳的教育行为和手段及其之间的关系。

## 第二节 教育科学研究的本质特征

### 一、教育科学研究的基本特征

#### （一）研究范式的人文性

教育科学研究不同于自然科学研究，主要关注影响人类身心发展的各种"教育问题"和"教育学问题"。人既是研究的主体和客体，也是研究的目的，这使得教育科学研究者与研究对象之间存在一种精神生命的"互构性"。因此，教育科学研究强调理解、包容和情境，具有明显的人文性，不能完全依照自然科学的研究范式进行研究。在进行教育科学研究时，不能对教育现象只做数据分析，必须深入精神世界和内心体验之中，以人为本，描述各因素之间的关系，深入揭示"主体发生转变的教育机制"。且在此过程中，必须遵循研究的伦理道德要求，以学习者的发展为最高目的，不能妨碍或有害于研究对象身心的健康发展。

（二）研究问题的复杂性

从外部看，教育系统作为社会大系统的一部分，与政治、经济、文化等，有着广泛的联系。一方面，教育系统需要适应并推动其他社会子系统的发展；另一方面，其他社会子系统的发展又制约着教育系统的发展。从而使教育研究问题涉及社会发展的诸多层面，呈现出复杂性特征。就教育自身而言，教育现象和问题涉及制度、活动、内容和成果等诸多方面，具有非线性、不可还原性和自组织性等复杂性特征；教育科学研究对象差异较大，难以从小的样本中得出一般性结论，也很难做到完全的定量化；科学研究结果往往具有滞后性，且结果的解释容易受研究者的个人理念和思维方式等主观因素影响。这种复杂性使得任何组织和个人都无法凭经验常识从容应对，必须依靠专门的研究机构和专业人士，进行多维度、多层次的综合研究。

（三）研究过程的情境性

教育科学研究强调多元视角，注重在生活世界的体验中认识教育现象与问题。教育现象与问题不可能从教育情境中分离出来，教育科学研究也不可能在实验室和书斋进行。只有在特定场域和自然情境下进行研究，才能真实地还原教育现象和教育事实。因此，在教育研究过程中，研究者需要深入场景，倾听来自边缘的声音，回归教育的本性，发现价值理性和教育意义。若无视教育科学研究的过程性、情境性和具体性，就会扭曲客观世界的原本，研究结果就失去"真实意义"，无法形成推广价值。

（四）研究成果的创新性

科学研究的本质在于创新。教育科学研究作为科学研究的重要组成部分，必须具有创新性。教育科学研究的创新性主要体现于三个方面：第一，科学性；第二，新颖性；第三，具有教育意义和社会价值。为达到这三个标准，研究者应抓住有意义的问题，基于相关理论结果，采用有针对性的研究方法进行研究。这要求研究者需要对教育实践具有敏感性，以提出前人没有解决或没有很好解决的问题；采取的方法应包含充分的调查、实证与分析，不同于已有的研究；结论应基于前人的研究提出新观点或新理论。这样的研究才可能产生创新性的成果。否则，"创新"只是一种口头的号召，只是教育研究技术学或工艺学层面的"创新"。

## 二、教育科学研究的类型

教育科学研究对象的复杂性、方法的多样性和过程的情境性，决定了教育科学研究类型的多样化。从不同角度，可将教育科学研究划分为多种类型。按研究领域，可以分为理论性研究课题、应用性研究课题和开发性研究课题；按研究范围，可分为宏观研究、中观研究和微观研究；按研究层次，可分为阐释性研究、综述性研究和创造性研究；按研究对象不同，可分为教育课题、管理课题、教学类课题、教学科技课题等。

### （一）按研究领域划分

1. 理论性研究课题

理论性研究是在教育实践的基础上，认识各种教育现象，探索教育本质和教育基本规律，阐述教育原则，形成系统的教育理论的研究。理论性研究课题指以揭示教育现象的本质及其规律，形成或发展教育科学理论为目的而进行的研究课题。这类研究是在概括和总结教育现象、教育问题基础上，发现新的理论和重新评价原有理论的过程，具有高度抽象性、理论体系性和效益长期性等特点，强调研究的深度，主要回答的是"为什么"的问题，其目的在于建立有中国特色的现代教育科学理论。例如，关于教育本质、教育目的、教学过程规律等的研究。因此，这类课题对研究者的研究水平要求相对较高，对大多数中小学教师来说有一定的难度，建议教师尽量选择适合自己研究水平的课题。

2. 应用性研究课题

应用性研究课题是运用基础理论研究得出的一般知识、原理、原则，针对某一具体实际问题，研究某一局部领域的特殊规律，提出比理论性研究更有针对性的理论和方法的研究课题。这类教育研究课题，具有实际应用价值，是把教育科学的基本理论知识转化为教育技能、教育方法、教育手段和教育方案的过程，其目的在于将教育理论同教育实践结合起来，以解决教育实际问题，提高教学质量。其研究特点是使基础理论研究成果具体化和实用化，直接解决教育管理和教育改革中的实践问题，主要是回答"是什么"的问题。凡是教育教学活动中面临的问题，都可以作为应用性研究课题。目前绝大多数教育研究是应用性研究。例如，学校管理体制改革研究、中小学生流失的调查与对策研究、中小学生心理健康研究、教师队伍现代化建设研究、改造薄弱学校研究、青少年潜能开发研究等。

3. 开发性研究课题

开发性研究课题是建立在前两种研究的基础上，以开发能使用的教学产品为目的的课题研究。教育产品除教科书、投影片等有形产品外，也包括可操作性的教育教学方法或组织教育教学的策略、程序等无形产品。

### （二）按研究范围划分

1. 宏观研究

宏观研究是对教育系统内外部进行的整体性、综合性、系统性研究。它包括两个方面：一是教育与外部的关系，如教育与政治经济、教育与社会发展、教育与人口等关系研究；二是教育内部带有全面性问题的研究，如教育事业发展、教育政策、教育结构、教育管理、教育投资等研究。

2. 中观研究

中观研究介于宏观研究和微观研究之间，它是对特定范围、领域、战线、部门内的教育现象和教育问题进行的研究。例如，就不同研究领域而言，其中宏观层面可以包括幼儿教育研究、基础教育研究、初等教育研究、职业教育研究、成人教育研究、中等教育研究和高等教育研究等。

3. 微观研究

微观研究是对教育问题中某个单独因素进行具体细致的研究，这类研究立足教育、教学实际，是针对某一个具体问题开展研究，如小学德育工作的研究、语文教学方法的研究、差生学习障碍的研究等。

### （三）按研究层次划分

1. 阐释性研究

阐释性研究是低层次研究，它是对各种教育理论的一般叙述，更多的是在解释别人的论证,这类研究将教育现象和已有的教育规律进行对比或验证,通过自己的理解给予叙述性解释。虽然阐释性研究是简单的研究,但在科研中必不可少,它能定向地提出问题、揭示弊端、描述现象、介绍经验,有利于普及工作。这类研究主要表现为对揭示性问题的调查、对实际问题的说明、对某些现状的看法等。

2. 综述性研究

综述性研究是把分散、不全面的观点综合在一起,形成系统性观点的研究。这类研究的研究对象不是单一的事件或某一种情况,而是某些现象或某一事物的诸多方面。综述性研究是对知识的加工,包括贮存、分析、鉴别、整理,使零散的知识系统化、结构化,其成果往往是对某个教育规律的综合认识,是在一定范围内进行调查或实验的基础上对某一教育问题的比较全面系统的介绍。

3. 创造性研究

创造性研究是高层次的教育科学研究活动。它是用已知的教育信息,探索创造新知识,产生新成果的过程,对教育教学改革具有重要的实际价值或理论意义。其成果表现形式多样,可以表现为一种新观念、新设想、新理论,也可以表现为一项新方法、新技能、新成就。

### 三、教育科学研究的特性

教育科学研究类型多样化,决定了其具有复杂性、迟效性、应用性和合作性等特点。

(一)复杂性

教育问题涉及面广,不仅要考虑教育内部问题,还需要考虑对其产生影响的其他诸多外部因素。例如,高等职业教育产教融合的研究,除了需要考虑教育内部的问题,还需要考虑社会、经济和文化等各类要素的影响。

(二)迟效性

教育科学研究具有一定的迟延性,对某一个问题的研究通常需要多年才能完成,这是因为人才培养的时间周期较长,对研究成果进行应用推广和验证也需要较长时间。

### （三）应用性

大部分教育科学研究都是针对教育中存在的现实问题开展探索和研究。例如，校园欺凌问题、混合所有制问题等；同时，教育科学研究也是一项实践性较强的科研活动，不仅需要有书面的设计，还需要有行动研究。

### （四）合作性

教育科学研究工作需要广泛的群众基础。一项教育科学研究项目的实施，常需要多方力量配合才可完成，这里不仅包括教师、教育管理工作者，还包括与教育相关的行业企业、协会等，职业教育的产教融合研究就是典型代表。

## 第三节　教育科学研究的原则与趋势

### 一、教育科学研究的原则

教育科学研究是一项系统的科研活动，为确保其实施科学有效，必须遵守完整性原则、创新性原则、科学性原则、伦理性原则和实用性原则。

#### （一）完整性原则

教育科学研究具有复杂性的特征，是一项长期的系统性工作，其系统性决定了科学研究的过程、方法和内容应相对完整，研究前的准备工作应完备，研究后的成果表述应完整，前后呼应，解决实际问题，且自成体系。

#### （二）创新性原则

教育科学研究必须遵循创新性原则。在研究内容上，通过广泛查找文献，发现前人没有发现的问题，并开展研究；在研究方法和手段上，则应与时俱进，利用新的方法和技术，根据研究内容的实际需求，合理设计和实施；在研究成果上，应从问题出发，提出新的见解和主张，探究新的模式和方法。

### （三）科学性原则

教育科学研究应致力于揭示各种教育现象的本质和规律，其科学性原则主要包括两方面的含义：一是研究结果具有科学性，即研究的成果应能合乎实际，反映事物本质特点和客观规律；二是研究过程具有科学性，即研究的方法、程序等应科学合理，能真正实施。实际上，教育科学研究的科学性应集中体现在研究的信度和效度上，从而解决实际问题。

### （四）伦理性原则

教育科学研究必须遵循伦理性原则。在开展研究的过程中，应避免给研究对象带来负担和压力，影响其正常学习和工作，尽可能消除和避免不良后果的产生。遵循伦理性原则就应在开展研究时告知研究对象研究目的和意图，确保参与研究的人员是自愿参与研究，研究过程中必须确保研究对象的隐私不被外泄，对数据和资料严格保密，且仅用于教育科学研究。

### （五）实用性原则

教育科学研究应遵循实用性原则，即研究内容应从实际问题出发，研究成果应能解决教育实践中的理论和实际问题，直接为教育实践服务。教育科学研究必须务实，应能解决实际问题，切忌华而不实，纸上谈兵。

## 二、教育科学研究的趋势

教育科学研究随着发展，呈现出实证化、现代化和多元化的趋势。

### （一）实证化

教育科学研究方法大致可以分为两类，分别是思辨性研究方法和实证性研究方法。前者是通过对教育经验、概念和命题进行逻辑推理，从而获得普遍性认识的研究方法，包括文献研究法、经验总结法等，是一种较为常见的书面性研究方法；后者则是通过对研究对象大量观察、实验和调查，获取一手的客观材料，通过数据挖掘和分析，达到探究事物本质和规律的目的，包括调查法、行动研究法、个案研究法等。随着教育科学研究的发展、信息技术的不断更新，数据的获取和分析越来越容易，实证研究方法具有更好的说服力，从实践中来，到实践中去，因此，教育科学研究的实证化被更为提倡。

(二) **现代化**

教育科学研究具有现代化的趋势,主要表现为研究所使用的技术设备和手段日益先进。例如,在开展实证研究过程中,普遍使用到的计算机、录音笔、数码相机等设施设备,能帮助研究人员高效而精准地收集和保存资料,使科学研究更加准确。

(三) **多元化**

教育科学研究的多元化主要表现在研究人员、研究方法和研究角度三个方面。一是参与研究的人员包括专职研究人员、教师、行政管理人员和相关领域的专家学者,例如,对于职业教育的研究,应从利益相关者角度来组织研究团队,将企业和行业协会等主体纳入其中;二是研究方法更为综合,常常是多种方法的复合运用,例如,定量分析和定性分析相结合;三是研究的角度涉及更多学科,例如,一些综合性较强的研究,需要采用多个学科的理论和方法,使多个学科的优势得到互补和加强。

# 第二章 教育科学研究的步骤

按照发现问题、分析问题和解决问题的思路，教育科学研究可概括为三个阶段，分别是研究价值分析、研究计划制订和具体实施。每个阶段又包括多个具体步骤，需要指出的是，每一研究步骤之间并没有明显的界限，往往是互相穿插或同时进行的。

## 第一节 教育科学研究的价值分析

教育科学研究价值分析的目的是确定所选课题是否有研究的必要，能否真正解决教育教学工作中的实际问题。具体而言，包括两个步骤，分别是确定选题和查阅文献。

### 一、确定选题

选题是进行教育科学研究的第一步和基础，研究主题的选择和确定直接决定了研究方向、研究对象、研究内容和研究方法，是进行教育科学研究的重要环节。许多科学家对选题的重要性都有过精辟的论述。爱因斯坦在《物理学的进化》一书中写道："提出一个问题往往比解决一个问题更重要，因为解决一个问题也许仅是一个数学上或实验上的技能而已，而提出新问题、新的可能性，从新的角度去看旧问题，却需要有创造性的想象力，而且标志着科学的真正进步。"美国贝尔研究所科学家莫顿说："选题不能草率，如果根本没有实现的可能，选题就等于零。"杨振宇教授曾经说过："一个好的选题，等于实验成功了一半。"研究课题的确定，意味着研究者要基于理论和实践，通过对教育问题和教育现象的思考与反思，发现并提出一个有意义、有创见的问题，它是研究人员对问题的敏感度、对形势的判断力以及理论基础的综合反映。因此，选题是衡量研究者研究水平的一个重要标志。

选题的过程，是反思、总结、学习和研究的过程。一个有价值的选题的产生，往往需要经过严密的思维过程和实践反思才能定下来。选题确定的过程大体包括五个环节：第一，把自己的教育教学活动放到素质教育和新课标要求的框架中反思，并依据实践经验梳理出存在的问题；第二，对梳理出来的问题进行筛选，把最重要、最需要解决的问题找出来，并提出初步的研究课题构想；第三，对提出的问题进行论证，确定这个问题是不是真问题，是不是科学的和有价值的，是不是有条件有能力进行研究；第四，采取多种方法，广泛查阅，学习与所选问题有关的文献资料，弄清楚这个问题有没有人研究过，以及研究的现状；第五，根据主客观条件形成具体明确的研究课题。

作为教育基层工作者，老师们在长期的教育工作中积累了较丰富的教育实践经验，可以基于行动研究，针对教育实践工作中出现的问题，按照选题的五个环节，对教育问题进行提炼和总结。在选题过程中，要避免盲目跟着"热点"走，或止步于"初探""商榷"的层次，或热衷于"构建"新体系，而缺乏深入扎实的科学研究。

## 二、查阅文献

选题确定后需要查阅、收集与研究主题有关的文献资料，目的在于了解相关研究已经做过哪些重要工作、采用的是什么研究方法、得到了什么结论、哪些问题是已经解决的、哪些是尚待解决的等相关问题。科研工作贵在创新，如不了解前人已有的成果就贸然从事，势必会重复别人的老路，这容易造成资源浪费和研究结果的无意义。因此，查阅文献这一步骤是万万不可忽视的。

为了提高研究效率，文献的查阅要讲究方法和技巧，可以先查索引、看文摘，阅读文献综述、科研情报及动态，然后按图索骥，从中查找与自己研究有关的重要资料，耐心细读并做好摘要或记录，直到能够较全面地掌握相关研究主题的重要资料。在查阅文献的基础上，还应通过调查、访谈及观察等手段对有关问题的实际情况进行初步了解，以进一步确定研究课题的价值及可能性，做到心中有数。

具体而言，研究者在进行文献查阅时，可遵循以下四个步骤：

步骤1：界定查阅主题。研究者在着手文献查阅时，必须从一个定义清楚、焦点明确的研究问题与搜寻计划开始。这就需要研究者分析教育研究问题、明确教育研究主题，并在此基础上确定查找的学科领域（中小学教师教育类的研究一般涉及的学科领域有教育学、教育心理学、社会学、教学方法论、教育教学研究等）、确定查阅资料的时间范围和语种。在确定以上内容后，研究者便可以按照研究主题寻找相关的查阅线索，并逐步扩大查阅范围。

步骤2：进行文献查阅。教师在了解各类型文献资料的基础上，可以运用以下三种方法查阅有关信息：一是检索法。利用检索工具，按照由近及远、先国内后国外、先原始文献后二手文献的顺序进行查阅。其主要的检索工具包括目录、索引、文摘、参考工具等。二是回溯法。即根据相关文章后面所附的参考文献，顺藤摸瓜地查找其他有关文献。三是循环查找法。在查阅条件有限的情况下，可利用现有工具书查出某一段时间内的一批文献，再利用回溯法查出缺少资料时段的文献。在具体的研究过程中，这几种方法往往混合使用。

步骤3：整理筛选有用文献。先对收集到的资料按内容或重要程度进行分类、排序，然后仔细阅读，剔除无关材料、假材料、重复材料，保留全面、完整、深刻、正确阐明所要研究问题的有关材料和含有新观点新方法的材料。

步骤4：文献归纳和总结。对筛选的文献进行摘录或总结，与选题进行对比分析，此时，可以根据研究现状对选题进行调整，最后，可以按照参考文献的要求，准备完整的文献目录。

以上所说的四个步骤不是按照一成不变的顺序僵硬执行的，研究者在查阅中可以根据具体情况做出灵活调整。

## 第二节　教育科学研究计划的制订

研究计划是对整个教育科学研究过程进行的全面规划和统筹安排。其目的在于阐明研究什么、为什么研究、如何研究和预计取得哪些成效等问题。研究计划的质量直接影响研究目标的实现，决定研究结果的效度（正确性、真实性）和信度（可靠性、稳定性）。研究计划的主要内容包括课题名称的界定、研究目标和对象的确定、研究内容的拟定、研究过程和方法、课题组成员及分工、预计研究成果等。鉴于研究计划制订中常见的误区，下面着重论述课题名称的界定和研究对象的确定问题。

### 一、课题名称的界定

课题名称的界定是研究计划制订中的第一关。所谓课题名称的界定就是根据研究主题对研究界限做出规定，明确课题研究的题目。具体做法是对题目中的核心概念或容易引起不同理解的概念做出规定。例如，"课堂教学中有效互动研究"这一研究课题，在界定中开门见山就指出："课堂教学中的互动，就是指在课堂教学这一时空内，师生之间发生的一切交互作用和影响，它既指师生间交互作用和相互影响的方式和过程，也指师生间通过信息交换和行为交换所引起的相互间心理上、行为上的改变。师生互动在本文中既包括师生间的互动，也包括生生间的互动。"课题名称的界定关系到研究的整体走向和研究成果的成败。其中，最容易出现的问题是"大帽子"戴在"小脑袋"上。

### 二、研究对象的确定

在许多课题申报表中都没有明确研究的直接对象，这是个很大的问题。试想，研究一所学校的课堂教学，不可能也不必要研究学生、教师、课程、课时等全部内容。究竟研究哪个年级、哪几个年级、哪个学科、哪几门学科，都要有明确规定。这就需要开门见山地指明具体的研究对象。

除以上特别需要注意的两点外，在研究设计中，应明确规定所要研究的问题及其范围、要采用的研究方法、研究对象的抽样、时间进度等。随着研究工作的开展，也许会发现原研究计划中存在某些不符合当前实际的情况，这就需要对原定计划进行适当调整。因此，在研究过程中我们一方面要尽量尊重原定计划，使研究工作能按部就班地进行，另一方面也不能完全受原计划的限制，要从实际出发，实事求是地去开展工作，把计划性和灵活性有机地结合起来。

## 第三节 教育科学研究的具体实施

在完成研究计划的制订后，就进入了具体实施阶段，在该阶段主要包括三个步骤，分别是收集整理资料、分析研究内容和撰写研究报告。

### 一、收集整理资料

这里所说的资料不是指在查阅文献时所获取的资料，而是指在查阅文献的基础上，针对所要研究的问题重新收集来的更具针对性和目的性、需要研究的文献或数据资料。因此，这里所谓的"收集"也不仅限于文献的收集，还包括采用观察、调查、访谈等方法所获取的事实或数据材料等。对于新收集的资料首先要进行鉴别，即就资料的真实性、可靠度以及价值进行分析判断，并决定取舍，只把有用的材料留下来。经过鉴别，留下来的材料可能是散乱的、不明确的，因此，还必须对这些材料进行整理，如归类、划等级、列表格等，并运用适当的方法进行检验。

相关资料的收集是进行科学研究的基础，只有掌握大量的资料，才有可能保障科研工作的全面与深刻。例如，千家驹曾做过一个关于我国教育经费的调查：用历年教育经费的统计数字来证明我国教育经费少的主要原因不是由于国家穷，而是由于对教育不够重视，我国教育经费不仅绝对数字少，而且在国家预算总支出中所占的比重也小得很。这样的调查报告虽然只是说明一种现象，但通过对数据资料的充分收集和整理，并以此为基础深入挖掘和分析教育中潜在的问题，具有很强的说服力，能引起有关方面的重视。

需要指出的是，在收集和整理资料的过程中，研究者需要确保资料的真实性、客观性，并符合社会伦理规范。

## 二、分析研究内容

与科学思维过程中的"深入思考"相适应，教育科学研究步骤中最重要的一个阶段就是分析研究内容。这一阶段是整个课题研究的核心和关键，直接决定着研究的质量。

分析研究内容就是在已经收集并整理的资料的基础上，再做进一步的加工，主要包括比较、归类、分析、综合、归纳、演绎、抽象、概括、想象、假设等方式。在这诸多方式中究竟选用哪几种，要根据研究目的及所得材料的具体情况而定。在分析研究内容时，如果发现已有材料尚有欠缺之处，应在材料上再花些工夫，不断完善相关材料。只有在占有足够材料的基础上才可进行合理的分析研究，从而得出可靠的结论来。这里要注意的是：虽然这时已有材料可据，并非个人凭空臆造，但是也要注意个人思考是否带有一定的片面性与局限性。所以，在此过程中，应注重在相关研究人员之间，或更大的范围内展开讨论，以达到互相启发、集思广益之效。

分析研究内容过程中，最关键的问题是下结论，即对分析结果做出判断或进行归纳。这一过程是研究成果的集中表现，至关重要。耕耘者都希望自己的劳动能结出丰硕的成果，但愿望归愿望、事实归事实，成果必须是自然生长出来的。该有多少就是多少，该有多大就是多大。因此，研究结论必须合乎实际，不夸大、不缩小，且在下结论时要特别注意结合选取范围、材料来源及整理材料的方法等，不至于任意引申夸大了研究成果或研究的适用范围。

如果在这个时候发现原来提出的研究问题范围较大，而根据研究分析所得结论范围较小，宁可把问题甚至题目改变一下，使其和结论符合，也绝不能为了和原定问题或题目相适合而扩大结论范围。成果必须是在材料基础上产生出来的，离开这个基础，成果就会降低甚至失去它的科学价值。

总之，下结论必须实事求是，不能勉强，来不得半点虚假。一般说来，只要在研究工作上下了真功夫，总可在已有材料基础上概括出一些东西来，这样的成果不管有多少都是可贵的。

### 三、撰写研究报告

把科学研究的全过程以及所取得的成果用文字完整地表述出来，就形成了科学研究报告。科学研究报告的撰写不一定要遵照某种固定的格式，但一定要包括以下这些内容：研究目的、研究对象或抽样、研究方法、材料整理与分析、研究结论、本研究的限度及创新等。

报告的文字不求华丽，但求简洁明确、浅显易懂。必要时可用图表表示，以期能给读者以更加简明清晰的印象。报告写成，这一次的研究任务就算基本完成。

上述教育科学研究步骤是按科研进程的顺序排列的，研究工作必须按部就班来进行，绝不能把步骤搞乱了。但是这并不是说各步骤之间不允许有交叉，更不是说一个步骤做过之后就不准再有反复。实际情况往往正是这样，即在进行着前一步时就要想到以后步骤的有关事项，而在进行到后面步骤时，如发现前面一步有不足之处，还得再进行补充。只有这样前后照应，才能取得比较完满的研究成果。

# 第三章 教育科学研究的选题

## 第一节 教育科学研究确立选题的基本原则

选题的原则是进行研究课题时应当遵循的基本要求，其实质是为课题选择活动提供某种行为准则与标准。在选择教育研究课题时，应当遵循以下原则：

### 一、需要性原则

需要性原则是指教育科研选题要满足三方面的需要：国家经济建设和社会发展的需要、本学科和本职工作中解决问题的需要、科研者本人提高学术地位和申报职称的需要。这是选择任何教育研究课题都应当遵循的首要原则，是教师选题的出发点与落脚点。

教育为一定社会的政治、经济、文化所决定，又有力地促进和影响着社会政治、经济、文化的发展。随着现代社会的飞速发展，教育面临着越来越多的新情况、新问题，要求研究者去研究、去探讨、去解决。通过加强教育科学研究，我国教育事业在迅速发展的过程中可以及时获得科学理论的指导，少走弯路。在选择教育研究课题时，一定要考虑教育事业和教育理论发展的需要，所选的课题要具有一定的理论与应用价值。

例如"中职与高职有机衔接的主要内容及对策的研究"这一课题就是建立在需要性原则基础之上的。由于我国职业教育已经进入高速发展阶段，现代职业教育体系建设离不开中职与高职衔接。但目前中高职衔接很不理想，各级职业教育人才规格定位不明确，专业设置、招生途径、课程教材都没有实现彼此匹配，直接影响中高职有机衔接。因此，中高职衔接这一课题的研究是符合职业教育发展需要的，对于促进中高职改革与发展具有一定的理论价值与应用价值。

## 二、科学性原则

科学性原则是指教育科研选题要以事实为依据，不能主观臆想；要有独特见解，一般不能与科学规律相矛盾；具体反映申报者科研思路的清晰度和深刻性。首先，科研工作的任务在于揭示客观世界发展的规律，任何课题的确立都应以已知的科学理论或技术事实为基础，没有一定科学理论的支撑，选定的课题必然起点低、盲目性大。其次，课题的科学性还体现为指导思想与研究目的明确、立论科学合理、事实真实充分，具有一定的科学价值，或能促进教育科学的发展，或对教育实践有指导作用。

例如"高校学生创新创业导师队伍建设的策略研究"课题的理论基础是人本主义需要理论、建构主义学习理论以及让"教师成为研究者"的主张，在理论基础上具有科学性，同时对于提高学校的教育教学质量和办学水平、克服当前高校传统教育模式的弊端具有一定的指导作用。

## 三、创新性原则

创新是科学研究的灵魂，是选择研究课题必须遵循的一条根本准则。具有创新性的研究课题应当是别人没有解决或没有完全解决的问题，切忌无意义地重复别人的研究。创新性原则是衡量科研成果大小的重要标准，体现了科学研究的价值，它能够保证预期的科研成果具有一定的学术价值与实用价值，减少重复劳动。

研究课题的创新性原则要求研究者或从新问题、新事物、新理论、新思想、新经验、新方法、新设计中选题；或把握时代的脉搏，从热点上选题；或从独特的角度来看问题，在未开垦的领域进行挖掘。创新是科学研究最基本的特征，但我们也需要清楚地认识到，任何研究都是在前人研究的基础上进行的，总要有所继承、有所借鉴。创新并非要求研究的一切都是独创的、全新的。选择一个别人未曾研究过的问题是创新；采用不同于他人的研究方法去研究同一个问题也是创新；将某个理论、某种方法运用到新的研究领域中去，同样是创新。

例如"高职学生职业能力标准与测评研究"，此项课题在研究视角和研究方法上具有一定的独特性和开创性，符合创新性的选题原则。研究视角方面，已有研究基本上都是借鉴普通教育的成果和理论研究的视角，没有从职业教育自身的视角，即技术论和人才结构理论等视角去研究；研究方法方面，该课题抛弃了普通教育学科体系的能力开发和测评方法，也突破了职业教育传统的任务分析法和以"输入"为基础的能力开发模式，采用功能分析法和以"结果"为基础的能力开发模式来制定标准和测评当代高职学生的职业能力。

## 四、可行性原则

可行性原则是指所选课题能够被研究，研究者能够正常地开展研究工作，具有取得预期成果的希望。可行性可以从主客观两个方面来看，主观条件主要是指研究者是否有完成课题所需要的素质和能力，包括研究者的知识结构、研究能力、技术水平、专业特长和经验，对所选课题理解的深度及对此课题的兴趣，对有关课题资料熟悉和掌握的程度。研究者要选取对自己具有吸引力，能充分发挥自己的特长优势并尽可能专业对口的课题。科研工作是一个艰苦的过程，成功之前往往会经过无数次的失败，没有兴趣这个心理因素的支撑，就不会有顽强的毅力与经久不息的热情，往往会半途而废。客观条件是指客观上是否具备完成课题所必需的社会条件、经济条件和科学技术条件，如必要的资料、设备、物资、经费及必要行政支持和研究时机等。科研活动所需要的最起码的物质条件，必须在明确研究课题时就给予落实，否则，再好的研究课题也只能束之高阁，难以实现。

例如"中小学教师小课题研究的问题及对策研究"，此项课题的研究团队老中青结合、实战经验丰富、科研实力强，具备踏实认真的科研态度；在经费方面，准备了研究资金2万元，保障研究、学习、收集资料、开展活动的需要；在设备方面，课题组所有研究人员均有计算机，配备教育科研网站的技术员一名；在时间方面，为使本课题研究管理与指导真正落到实处，取得实效，将建立课题运作管理制度，保证总课组活动每月不少于一次等。所有这些，保障了"中小学教师小课题研究的问题及对策研究"课题的顺利完成，具备研究的可行性。

## 第二节 教育科学研究选题的路径

### 一、教育科学研究选题的策略

教育研究选题的发现与研究者采用的思维方式有关，采用科学的思维方式有助于教育研究选题的发现。

#### （一）怀疑

从科学研究的视角来看，所谓怀疑，就是指对学术界公认的某一理论、原理和观点的正确性质疑和不同看法，并通过研究最终证明原有理论的瑕疵以及质疑的正确性与合理性，以此突破原有认识并推动相关理论和原理的发展及完善。怀疑并非纯粹地主观臆想，科学的怀疑应该是建立在一定的依据上，这些依据主要包括理论依据、事实依据等。另外，作为一种思维方式，怀疑的结果通常只有两种：一是通过怀疑及研究，发现原有结论中的问题及缺陷，怀疑得到了验证，并推动相关实践与理论的创新和发展；二是通过怀疑及研究，发现原有结论是正确的，怀疑被证伪，原有结论的正确性得到了维持。无论结果怎样，怀疑及其过程都是有价值的。例如，有人对"评定专业技术职称能对教师起到良好的激励作用"的命题提出了怀疑，因为事实上评定高一级的职称对那些35岁以前就已经取得高级职称的中小学教师来说已不再具有什么激励作用了，并由此设计出这样的论文选题——"中小学名师培养的阶梯性激励机制"。又如有人针对一些教师过分追求"小手如林，对答如流"等形式主义的教学方式的问题，确定了这样的论文选题——"课堂教学要在实效性上下功夫"。

## （二）转换

转换思维视角也是科学研究中常见的一种思维方式。与怀疑指向原有的结论不同，转换是从与原有结论不同的角度或不同的层次上来认识原有的研究对象，形成关于对象的新认识，摆脱原来的思维定式和已有知识影响。善于运用转换思维发现问题的人，往往表现出较强的灵活性、严密性。在教育研究中，转换思维的视角往往也能够发现新的教育研究选题及结论。比如，"中学生消费现状、消费观念与消费教育的研究"的研究内容一般是德育问题，但选题也可以从学生消费的调查与教育角度展开；又如，"中学生宿舍文化建设的研究"就是从学校的寄宿生管理（生活管理、卫生检查）中移位出来的，选择了具有较强渗透性与传承力的文化建设为载体，探索寄宿生思想教育和管理的新方法。

## （三）类比

类比是科学研究中发现选题的常见思维方式。通过这种思维方法发现问题的人，通常会表现出较强的迁移性和概括性。

类比是根据其他学科研究对象与本学科研究对象的某种相似性或同一性，借用其他学科的理论和方法来确定本学科研究选题的思维方法。自然界中，大到宇宙星系、小到每个原子运动都存在一定的同一性和相似性。找到不同学科研究对象之间的相似之处是类比思维的重要前提。只有确定其相似之处，才能发现两者共同的、本质的联系，然后才能在抽象的层次上对其进行比较、推理和概括。在教育研究中用类比思维选题的实例很多，它要求研究者不仅要拥有较宽的知识面，还应具有较强的迁移性思维品质，能够借用其他学科的新理论、新方法，发现有新意的研究选题，从而增加研究的深度和广度。

比如，有学者把生物学中的"向性"概念引申到教育领域中的师生关系研究上，于是出现了"向师性"的概念。又如，夸美纽斯在17世纪所著的《大教学论》，就是把教育现象与自然现象加以类比，然后依据自然规律提出了一系列教学原则。

### （四）解剖

解剖是把某一复杂而模糊的问题，按照各要素的内在逻辑关系分解成若干个相互联系的小问题，从而确定研究课题的一种思维策略。对问题的剖析并不像用刀切蛋糕那么轻松，研究者必须具有敏锐的思维触角，分析时既要考虑到部分对整体的影响，也要顾及整体对部分的影响，还要考虑各个"分离"部分之间的相互作用。这样就会形成新颖、独特而有较高价值的研究选题。

譬如，"数学课堂教学与学生非智力因素培养"这一选题，由于"非智力因素"非常复杂，研究者可以根据"非智力因素"的构成要素，将问题分解为"数学课堂教学与学生学习兴趣培养""数学课堂教学与学生学习动机培养"等子课题。选择其中某一小课题，也能做出大文章。又如，有的科研人员对"中小学生学习被动性的成因及对策"问题进行研究，他们重点进行了学生学习被动性的程度调查，分析了造成学生学习被动的主要因素并提出了相应的教育对策。

## 二、教育科学研究选题的途径

选择与确定研究课题是进行教育研究的第一步，并且是关键性的一步，它不仅决定研究者现在与今后研究工作的主攻方向、目标与内容，而且在一定程度上规定了研究应采取的方法与途径。实践证明，只有选择有意义的课题，才能获得较好的科学研究成果。

教育科学研究课题从不同的方面，有不同的选题方向。比如综合理论方面，有经、科、教结合的理论，普、职、成结合的理论，产、学、研结合的理论，大力发展民办教育的理论，构建终身学习体系的理论等研究主题；高等教育方面，有加快发展区域高等教育，加强高校师资队伍建设，加大产业开发力度，办好重点大学，改革高校体制、依法治教等研究主题；基础教育方面，有实施素质教育，实施义务教育，实施新世纪园丁工程，优化高中教育结构，推进办学体制改革等研究主题；职业教育与成人教育方面，有以就业为导向更新培养目标，调整专业设置，深化课程改革，强化创业教育，优化职业指导等研究主题。

要想选好题，必须做到"六多"（见图3-1）：多读、多听、多看、多问、多思、多写。多读指的是读书、读报纸期刊；多听指的是听名家与名师的讲座与谈话；多看指的是看教育教学实践中的现状、看前人的优秀科研成果；多问指的是请教名家名师、问一线的教师和学生；多思指的是思考理论方面的问题，也思考教育教学实践中的问题；多写指的是把前面"五多"的东西进行整理，多练习写作。

图3-1 科研课题选题的"六多"

具体选题从哪里来，可以从以下九个"点"考虑：

### （一）在社会发展需要中寻找教育问题热点

这就要紧紧围绕建设中国特色社会主义教育这一主题，多层次、多方位、多角度研究教育与政治、教育与经济、教育与文化、教育与社会的热点、难点问题；从当前社会实践和教育事业发展迫切需要解决的重大问题中去选题。选题的目的是为教育事业的发展提供科学依据，如"中部崛起与湖南高层次人才培养研究""地方院校服务新农村建设研究""基于新型农民培养的农村职业教育改革研究""以人为本构建和谐校园在农村高中的实践研究""和谐社会目标下大学生诚信教育机制系统构建研究""长株潭普通高校体育教育资源的整合及发展研究""我国教育公平评价指标体系构建与测算研究""恐怖主义阴影下的校园安全战略研究""高等院校后勤社会化产权制度改革研究"等。

### （二）在教学或管理困惑中寻找落脚点

教学包括专业设置、课程与教材、教学方法、教学制度，管理包括学校班子建设、师资队伍建设、校园文化建设、学生组织建设、校外基地建设等，在这些教学或管理实践中往往会碰到这样或那样的新问题。如《基础教育课程改革纲要（试行）》中的改革要求实现"六个改变"：一是改变以往课程过于注重知识传授的方向，强调形成积极主动的学习态度，使获得知识与技能的过程同时成为学会学习和形成正确价值观的过程。二是改变课程结构中过分强调学科本位，学科门类过多而缺乏整合的现状，体现课程结构的均衡性、综合性和选择性。三是改变课程内容的"繁、难、偏、旧"和只重书本知识的现状，加强课程内容与学生生活以及社会发展的联系，关注学生的学习兴趣和经验，精选包括信息技术在内的终身学习必备的基础知识和技能。四是改变课程实施中过于强调接受学习、死记硬背、机械训练的现象，倡导学生主动参与、乐于探究、勤于动手，培养学生收集和处理信息的能力、获取新知识的能力、分析问题和解决问题的能力以及交流与合作的能力。五是改变课程评价过于强调甄别与选拔的功能，发挥课程评价促进学生全面发展的作用。六是改变课程管理过于集中的状况，实行国家、地方、学校三级课程管理，增加课程对地方、学校、学生的适应性。上述"六个改变"，对各级各类学校的课程开发、课程实施、课程评价、课程管理四大课程领域的研究都有指导性，可以带动教学观念、教学目标、教学体系的配套改革。这些新情况、新问题，必然会带来新的困惑，研究解决这些新问题，是教育规划课题选题重要依据之一。

（三）在现实问题中寻找突破点

完善职业教育与培训体系，深化产教融合、校企合作，培育工匠精神，培养技能型劳动大军，构建工学结合的人才培养模式等，是当前职业教育面临的现实问题；初、高中新课程改革，适应教育信息技术的飞速发展等，是当前基础教育面临的现实问题。如何在这些现实而又重大的问题中寻找突破口，是值得好好思考的。如"防范基础教育课程改革预期目标偏离的研究""新课程背景下农村中小学教师继续教育保障体系研究""新课程有效教学策略研究""新课程理念下的课堂教学实践与评价研究""'信息技术与课程整合'在中学新课程教学实践中的实效性研究""教育信息技术与高中新课程整合的研究""学生评价职业教育服务质量实证研究"等。

### （四）从学科建设或学科教学固有特点中寻找切入点

这方面的选题包括学科系统规划建设中的若干未知的问题、对已有教育理论中落后观念和结论的批判以及学术争论中提出的新问题、从学科教学固有特点论争中发现的问题。如"国际化背景下普通高中理科课程创新研究""精品课程网上资源用户满意度评价研究""职业教育学科体系建设研究""新闻引路序列作文训练研究""'研讨式五步教学法'的推广与应用研究""'民间游戏'与幼儿园课程资源的开发研究""湘西民族文化资源的开发利用与小学语文教学的研究""古诗文特色教学与人文素养的养成研究"和"洪战辉现象与大学生成才研究"等。

### （五）从当前国内外教育发展趋势中寻找挂钩点

在现代科学综合发展的趋势下，教育科学与哲学、人文科学、社会科学、自然科学等领域渗透交叉而产生了诸如教育控制论、教育生态论、教学生理学、教育病理学、教育美学、教育法学、教育评价学、教育未来学、教育技术学等新学科研究领域。它们以教育作为共同的研究对象，运用多学科的理论和方法，使研究得到了有效深化。如"大学组织病理研究""体育生态学理论体系研究""学生评价职业教育服务质量实证研究""基于工作任务分析的职业教育课程开发研究""生命论视野下整体构建中学体育课程体系深化研究与推广实验""弱势群体子女教育问题的社会学研究""教育人类学视角下的农村幼儿教育质量保障及其评价体系研究"等。

### （六）在成败经验中寻找升华点

从古今中外的教育教学实践中积累的正反两个方面的经验中，都可以提出研究课题。如从校园文化建设的成功经验升华到"高职校园文化与企业文化对接的研究与实践"，从一般的教育经验升华到"普通中学卓越教育'五为'要素的研究与实践"等。

### （七）在与他人比较研究中寻找空白点

教育科学研究发展到现在，研究的课题无数。不同课题的研究有不同的研究视角，有不同的研究方法，有不同的研究思路。我们要在已有的众多研究课题中进行对比，找出研究中的空白点。如"差距与超越——中外职业教育比较研究""中美高等教育课程比较""科举考试与高校改革的比较研究"等。

### （八）在教育理论文献中寻找支撑点

从中外教育理论体系中去发掘和填补空白，揭示矛盾；从不同理论、观点和流派的相互争议中寻找议题，提出自己的观点；着力在教育理论和方法上提出不同见解，认真辨析和验证，从差异中寻求同一，从同一中寻找差异，推动教育科学不断发展；通过研究证明原理论文献结论的正确与否。如"中学生体质监测若干指标的质疑与重构""中学生创造性人格量表的编制研究""关于职业教育几个基本问题的研究"等。

### （九）在课题指南中寻找焦点

教育科研课题指南一般反映了课题主管部门的研究导向，是省级规划课题选题的重要依据，紧贴指南选题是事半功倍的好办法。值得注意的是，不管是国家级教育科学规划课题指南还是省级教育科学规划课题指南，其作用主要是为申报者提示选题方向和研究范围，一般不是课题名称。申报者可依据指南，结合实际，自行设计课题名称和研究内容。

# 第四章 教育科学研究的方法

## 第一节 教育科学研究方法概述

### 一、教育科学研究方法的有关概念

教育科学研究中的方法是指为了获取科学知识应该遵循的程序以及依据的手段。研究，是指创造知识和整理修改知识以及开辟知识新用途的探索性活动。

教育科学研究是指运用一定的科学方法，遵循一定的科学研究程序，通过对教育现象的解释、预测和控制，探索教育规律的一种认识活动。教育科学研究方法既具有一般研究方法的特点，即研究的目的在于探索教育规律，解决重要的教育理论和实际问题；要有研究假设和对研究问题具体明确的表述；研究方法要科学合理；研究有创新性。同时，具有区别于自然科学、思维科学的独特特点，主要指三个方面，分别是教育研究常有很强的综合性和整体性；研究周期长，影响因素复杂；教育科学研究工作者与实践者积极参与，有广泛的群众基础。

### 二、教育科学研究方法的历史发展概况

从历史发展的角度来看，教育科学研究方法的演进有三个时期。

#### （一）直觉观察时期

起于古希腊对于科学方法论的初创，终于16世纪近代科学产生前。古代中国教育研究方法论观点的特点：独特的儒家教育价值观；观察与归纳

为主的教育研究方法观。古希腊亚里士多德研究了科学认识的"归纳—演绎"程序及其所遵循的方法，在形式逻辑之上建立了科学方法论。

### （二）以分析为主的发展时期

起于16世纪，终于19世纪末20世纪初。此期产生了经验论和唯理论两大主要派别。培根作为现代实验科学的始祖，提出了经验论的归纳法，力图以归纳逻辑代替演绎逻辑。笛卡儿是西方现代理性主义的创始人，他倡导的是以数学为基础的唯理论的演绎法。而康德则站在唯理论立场上试图使经验论与唯理论结合，把世界统一在思维的基础上。

### （三）系统综合发展时期

起于20世纪初，发展至今。此期教育科研方法成为独立的专门研究领域；教育科研方法中的两个派别——进步派与传统派、实证与思辨、实用与理论进一步分道扬镳，各自开拓新领域；此期研究表现出实用主义倾向；另外，马克思辩证唯物论的产生及心理学的发展，为教育科研方法科学化提供了基础。

## 三、教育科学研究方法的层次

教育科学研究方法按其地位可分为三个层次。第一层是哲学方法，第二层是一般科学研究方法，第三层为适应于某些科研领域或某种科学分支甚至某个科研课题的特殊的研究方法。

哲学方法主要有两个部分：一是唯物主义方法，二是辩证方法。二者既有区别又有联系。一般科学研究方法是科学研究方法体系的第二层次，其中的归纳与演绎、分析与综合、从抽象到具体、从具体到抽象是科学研究的基本方法。除此之外，在使用基本方法的过程中还穿插运用假设、分类和比较等方法。具体研究方法即第三层次研究方法，是针对特定对象所采取的具有技术性的具体方法，并随特定研究对象的不同而不同，如教育与心理测验法、教育行动研究法、个案研究法、教育经验总结法等。教育科学研究方法的三个层次相辅相成，有机地构成教育科学研究的方法体系。

## 第二节　教育科学研究方法的分类

研究方法是为了实现研究目的所采用的手段、方式和工具的总称。教育科学研究方法是以教育问题和现象为对象，遵循一定的研究程序，有组织、有计划、有系统地解决研究问题的方式[①]。由于课题研究的内容和条件不同，研究方法的选择也具有多样性。根据不同的划分维度和标准，可将教育科学研究方法分为不同类型。

### 一、以研究过程的阶段为标准

以研究过程的阶段为标准是指以研究阶段要完成的任务作为方法分类的标准。同是以过程为标准，由于分析问题的视角的差异，方法的划分也不一样。例如，我们可以把方法分为收集材料的方法、分析材料的方法和撰写研究报告的方法；也可分为建立课题研究假设的方法，收集、分析材料进行统计分析的方法和结合分析结果下结论的方法。也有分得更为详细的，把课题研究的方法分为确定课题、查阅文献、研究设计、抽样设计、测量与数据的收集、数据分析、撰写研究报告等。这些研究方法同课题研究的实际任务一一对应，对于初次从事课题研究的人来说较易掌握和运用。

### 二、以课题研究的延续性为标准

以课题研究的延续性为标准，可把研究方法分为纵向研究法和横向研究法。纵向研究又称追踪研究，即在较长一段时间内，对某些指标进行定期的

---

[①] 王坦，张志勇. 现代教育科研原理·方法·案例［M］. 青岛：青岛海洋大学出版社，1998：92.

系统性研究。这种研究方法要求在某一发展的时期内，对同一组个体或现象进行反复观察和测量。其优点是能系统地、详尽地了解对象发展的连续过程和变化的规律，尤其是对于影响课题研究因素很多的现象，能够随时间的推移观察它的发生、发展情况，以探明对象的性质。其局限性在于随着时间的推移，造成影响课题研究的变量增多，给研究带来新的影响因素。

横向研究就是在同一时间内对某个年龄组或几个年龄组的被试的发展情况进行测查并加以比较。其优点是能够在较短时间内进行同一年龄组或不同年龄组比较，看出同一年龄儿童在某一方面的共同特点；其缺点是这种研究方法没有反映发展过程。

## 三、以研究对象的性质为标准

以研究对象的性质为标准，可以把课题研究的方法分为历史研究法、现状研究法、发展研究法、经验总结法、案例研究法、成组研究法和理论研究法等。这种分类方法，能使方法的名称较为清楚地体现研究对象的特点。以案例研究和成组研究为例。案例研究就是选取一个或者少数几个被试，进行较详细的调查或一段时间的追踪。这种方法便于对被试的全面情况、复杂的影响因素进行较详细和深入的考查，有助于提高课题研究的深度。成组研究法就是把较多人数的被试，当作一个组群来进行研究的方法。

## 四、以研究者为标准

以研究者为标准进行划分，可分为个人研究法和集体研究法。个人研究一般是由专业教育工作者自己独立设计和进行的，其优点是可以通过个人设想更好地对某一问题进行创造性的探索。集体研究是以专业研究者为中心，进行研究设计，研究者之间要形成密切的协作关系。此种方法的优点是能集思广益，提高研究的质量。

## 五、以研究所采用的技术手段为标准

以研究所采用的技术手段为标准划分，可分为常规研究法和采用现代手段研究法。常规研究主要指教育科研中采用一般的研究技术，如自然观察研究法、测试式实验研究法、调查谈话法等。随着现代科学技术的发展，许多现代化的记录控制设备被引进教育研究中，利用现代化设备对所得数据进行统计处理，能节省大量的人力，提高数据处理的精确化程度。

# 第三节 教育科学研究的定性分析与定量分析

## 一、教育科研课题研究的定性分析

### （一）定性分析的概念

定性分析就是对研究对象进行"质"的方面的分析。具体地说，就是运用归纳和演绎、分析与综合及抽象与概括等方法，对获得的各种材料进行思维加工，从而去粗取精、去伪存真、由此及彼、由表及里，达到认识事物本质、揭示事物内在规律的目的。

具体而言，定性分析主要包括类属分析和情境分析两类。类属分析是指将具有相同属性的资料归入同一类别，并且以某个概念对这一类别命名。情境分析是指将资料放置于研究现象所处的自然情境中，按照故事发生的时间顺序对有关事件和人物重新进行描述性的分析。这是一种将整体先分散再整合的方式，首先熟悉资料的整体情形，然后将资料打碎、分解，最后将分解的部分整合成一个完整的、发生在一个真实情境中的故事。情境分析的内容主要有研究现象中的主题、事件、人物、时间、地点、状态、变化等。

情境分析一般有以下步骤：首先，认真研读资料，发现资料中的核心叙事、故事的发展线索及组成故事的主要内容。核心叙事中应该有一条主线，围绕这条主线可以追溯故事发生的时间、地点，涉及的人物、事件、过程及故事发生的原因等。其次，按照已设立的编码系统为资料设码。最后，对资料进行归类并在归类的基础上对资料内容进行浓缩，将有关内容整合为一个具有情境的整体，然后以一个完整的叙事结构呈现出来。

### （二）定性分析的特征

定性分析作为教育研究结果的分析手段，是最基础的分析方法之一。教育研究中的定性分析，主要具有以下几个特点：

1. 定性分析注重整体的发展的分析

定性分析目的在于把握事物的质的规定性，因此必须立足对研究对象的整体分析。与定量分析不同，定性分析在内容上关注事物发展过程以及相互关系，主要从哲学、心理学、伦理学、历史学、社会学、经济学、政治学、人类学、语言学等层次上探讨，从而整体地、发展地、反思地、综合地把握研究对象的特性。定性分析的基本假设认为，只有将研究对象作为一个发展的整体加以分析，才有可能揭示研究对象各组成部分之间内在的关系、过程及与其他方面的联系，透过表面深入内在本质，说明研究对象变化发展的真正原因。

2. 定性分析对象是质的描述性资料

定性分析是以反映事物质的规定性的描述性资料而不是量的资料为研究对象。这些资料通常以书面文字或图片等形式，而不是精确的数据形式来表现；是在自然场合，以定性研究的方法，如通过参与观察和深入访谈得来的资料，带有很大程度的模糊性和不确定性；定性分析的资料来自小的样本以及特殊的个案，而不是随机选择和大的样本。正由于此，决定了定性分析有自己独特的分析方法，且需要量的资料补充。

3. 定性分析的研究程序具有一定弹性

在分析程序上，定性分析不同于定量分析。定量分析有一个标准化程序，使用数学方法做出一个量的描述，用数学语言表示事物的状态、关系和过程，在此基础上加以推导、演算和分析，以形成对问题的解释和判断，具有逻辑的严谨性和可靠性。而定性分析的研究程序并不固定，特别是教育作为一个动态过程，具有多样性和复杂性的特点，这使得前一步收集资料的数量与质量往往决定下一步应该怎么做，因而定性分析的程序具有很大的灵活性。

4. 定性分析的方法是对收集资料进行归纳的逻辑分析

归纳分析有不同于演绎分析的一般程序。演绎分析是先有一个假设，然后收集能检验假设的资料或事实，将事实与假设加以比较分析最后得出结果。而归纳分析却是先列出事实材料，将这些材料与事实加以归类，然后从中得到一些启示，抽象概括出概念和原理。这是一种自下而上的分析途径。定性分析的客观性基于反映研究对象的丰富的合乎实际的材料，不仅可以从各个不同的事物现象中找出共同性的联系，而且可以从许多不同的观察事例、典型中找出共同的特点，同时研究事物的特例，找出相异之处及其原因。

5. 定性分析中的主观因素影响及对背景的敏感性

定性分析是一种价值研究，一方面很容易受到研究者和被研究者主观因素影响，主体一定的能动性、独立性和创造性，若干差异的存在以及往往带有很强的主观体验色彩会影响分析的客观性；另一方面，教育研究对象的行为表现又总是与特定的情境相关联，离开这一特定情境，一定的教育现象就不会发生，这就是背景的敏感性。因此，定性分析很关注对背景的分析。

## 二、教育科研课题研究的定量分析

### （一）定量分析的概念

定量分析是研究者借助数学手段，对量化的资料进行统计处理，以揭示事物发展特征和规律的过程。一般较多地使用教育统计的方法。统计分析是依据统计的理论，对大量的、散乱的数据资料进行描述和推断，将研究对象的本质特征揭示出来的过程。统计方法在教育科学研究中的应用，主要体现在三个方面。

第一，通过统计分类，掌握数据分布形态和特征。研究者可通过计算集中量数（算术平均数、中数、众数）、差异量数（方差、标准差）、标准分数、关系量数等来描述资料的分布特征，包括集中趋势、离散趋势及相互关系，将大量数据缩减，找出其中所传递的关键的教育信息。也可以将一些数据转化为统计图表，以便更形象、直观地反映数据特征、教育信息。

第二，通过统计检验，解释和鉴别研究结果。例如，充分利用Excel（电子表格）或SPSS统计软件对定量数据进行处理，将其结果进行统计，并进行差异显著性统计检验（x2检验或T检验）。

SPSS是世界上最早的统计分析软件，已有30余年的历史，在社会科学、自然科学的各个领域都发挥了巨大作用，已经广泛应用于经济学、生物学、教育学、心理学、医学以及体育、工业、农业、林业、商业和金融等领域的研究。作为统计分析工具，其理论严谨、内容丰富，具有数据管理、统计分析、趋势研究、制表绘图、文字处理等功能。为了方便利用计算机软件处理数据，建议中小学教师学习使用最新版本的SPSS统计软件。

第三，通过总体参数的估计，从局部去推断总体的情况。在教育研究中，许多课题是根据抽取的样本的统计量来估计总体参数，并使这种估计尽可能客观和接近总体的真实情况，但这会影响研究结果的可靠性。

（二）定量分析的特征

从哲学基础上来讲，定量分析以经验论或实证主义为基础，通过逻辑原理和推理认识事物的"本质"。定量分析讲究严谨、客观和控制，认为事实是绝对的，只有一个由仔细测量决定的事实；认为个人行为是客观的、有目的的、可测量的；必须用正确的测量工具去测量行为；个人的价值观、感受和观点不会影响测量。

从实施步骤上来讲，定量分析开始前有着明确的研究假设和问题，研究计划是结构性的、预先设计好的、阶段明确的。定量分析只关注事前与事后的测量，其测量方法主要运用演绎法，自上而下形成理论；研究主要是在实验的条件下进行，研究者与研究对象相互独立，以便把研究目标以外的种种影响排除在研究之外；测量主要工具是"非人的手段"，如采用量表、调查表或实验等方式进行测量；得到的资料是可测量的、可统计的；测量得到的数据依据相关的统计工具，建立数学模型，并用数学模型计算出分析对象的各项指标及其指数。最终，得出的结果是概括性的、普适性的、不受背景约束的。

总之，定量分析是以演绎逻辑为主，通过标准化的测量工具将研究现象简化为数字与数字之间的关系，运用统计分析方法来进行分析的。因此，定量分析是一种对事物进行量化测量和分析，以检验研究者有关理论假设的研究方法。它有一套完备的抽样方法（如随机抽样、分层抽样等）和资料收集方法（如问卷法、实验研究法、数字统计方法等）。

### 三、定性分析与定量分析的关系比较

定性分析和定量分析有各自的特点和适用范围，是两种迥然不同的分析方法。在理论基础上，定量分析以实用主义哲学为基础，定性分析以社会构建主义、后实证主义、解释主义等为基础；在研究目的上，定量分析强调解释研究变量之间的因果关系，定性分析关注对教育现象的解释性理解；在研究情境上，定量分析强调严格的条件控制与安排，定性分析要求在自然真实的情境中开展；在研究思路上，定量分析以演绎分析为主，定性分析以归纳分析为主。

尽管两者存在诸多差异，但两者结合可以实现优势互补。在实际运用中，定量分析常与定性分析结合使用，定性是定量的依据，定量是定性的具体化，两者只有相辅相成，结合起来才能得到最佳效果。在中小学教育研究中，定量分析与定性分析结合起来，有利于使教育研究方法从对立走向统一与多元，有利于对研究问题更深入和全面地了解。

## 第四节 教育科学研究常用的几种方法

### 一、观察研究法

#### （一）观察研究法的概念

观察研究法是指研究者运用自己的感觉器官和借助某些辅助工具，对在自然条件下发生的自然现象和社会现象进行有目的、有计划的系统考

察，以获得经验事实的一种研究方法。运用于教育研究之中的教育观察研究法则是指研究者运用自己的感觉器官和借助某些辅助工具，对在自然条件下发生的教育现象进行有目的、有计划的系统考察，从而获得教育经验事实的一种研究方法[①]。

观察的方法通常采用抽样观察和追踪观察。抽样观察包括时间抽样观察（在特定的时间内观察，如课堂提问时的观察）、场面抽样观察（如在学生技术操作场面的观察）和阶段抽样观察（如在期中、期末的观察）等方式。追踪观察是指研究者按照一定的目的和计划，在自然条件下，对研究对象进行系统的连续的观察，并做好准确、具体和详尽的记录，以便全面而正确地掌握所要研究的情况。需要指出的是，观察研究法不限于肉眼观察、耳听手记，还可以利用视听工具，如录音机、录像机、电影机等作为手段。

（二）观察研究法的特点

运用教育观察研究法观察教育现象是一种科学的观察活动，一般具有以下特征。

1. 目的性

教育观察与一般观众或看客偶然地、随机地、无意识地看到、感觉到或听到某种教育现象不同，它是研究者根据研究的需要，为解决某一教育问题而进行的，是带着一定的目的与任务的。在这里，观察的目的是预先确定的，产生于观察活动之前，对接下来的观察活动起着指导作用。尽管日常生活观察也有一定的目的性，比如在出门之前观察天气情况，目的是确定需不需要带雨伞。但是这样仅仅是为了获得某种简单的信息，从而便于安排个人的日常活动，而教育观察是为了解决教育实践或教育理论中存在的具有一定研究价值的问题。

2. 计划性

教育观察是一种有计划的观察活动。在具体实施观察活动之前，对由谁来执行观察活动，观察的时间、地点、对象、顺序、过程、路线、记录

---

①徐红．教育科学研究方法[M]．武汉：华中科技大学出版社，2013：64．

方式、所需要的仪器，以及观察的重点、难点、疑点等都必须有预先的计划、安排及准备。只有这样，才能提高观察的效率与质量，增强所获资料的可靠性与准确性。

3. 系统性

教育现象复杂多样，要想对教育现象有正确、全面的认识，在教育观察的时候就必须尽可能全面、系统地对教育现象进行缜密的观察。各项观察的目标不是单一的、孤立的，而是相互联系的。观察的内容不限于一人、一时、一事，而是全面的、系统的。观察所得的资料、数据应该是系统的、完备的，而不应当是零散的、杂乱的。在制订观察方案的时候，要在明确观察目的与任务、深入了解观察对象的基础上，进行系统的、精心的设计，保证观察的系统性。

4. 选择性

教育观察作为一种有目的、有计划的观察研究，必然有明确的观察任务、清晰的观察目标。教育观察不是将作用于我们感觉器官的任何对象都作为我们的观察对象。观察者的时间、精力都是有限的，为了提高观察的效率与质量，观察者必然会根据观察的目的与任务，去选择典型的观察对象。

（三）观察研究法的步骤

为了保障观察的效果，教育观察应按照一定的步骤进行。虽然不同的教育观察的实施程序可能有所差异，但其主要包括准备、实施和整理分析三个步骤。

步骤1：准备

①做大致调查和试探性观察

这一步工作的目的不在于收集材料，而在于掌握基本情况，以便能正确地计划整个观察过程。例如：要观察某一教师的教学工作，便应当预先到学校大致了解这位教师的工作情况、学生的情况、有关的环境和条件等。这可以通过跟教师和学校领导谈话，查阅有关的材料如教案、教学日记、学生作业等，以及以听课的方式进行。

②确定观察的目的和中心

根据研究任务和研究对象的特点，考虑要弄清楚什么问题、需要什么材料和条件，然后做出明确的观察规定。如果规定不明确，观察便不能集中，结果就不能深入。因此，观察范围不能太广，全部的观察活动都要围绕一个中心进行。如果必须观察几个中心，那就应采取小组观察，分工合作。

③确定观察对象

确定观察对象，主要包括三方面的内容：一是确定拟观察的总体范围；二是确定拟观察的个案对象；三是确定拟观察的具体项目。比如，要研究新分配到小学任教的中师或大专毕业生在课余时间进行业务、文化进修的情况，那么，拟观察对象总体就是工作年限达一年或两年的新教师。在这一总体范围内，再确定具体观察哪几所小学、哪几个教研组中的哪些教师。具体观察名单确定以后，再把拟观察的时间、场合，具体观察项目确定下来。

④制订观察计划

观察计划除了明确规定观察的目的、中心、范围以及要了解什么问题、收集什么材料之外，还应当详细安排观察过程，如观察次数、密度、每次观察持续的时间、如何保证观察现象的常态等。

⑤策划和准备观察手段

观察手段一般包括两种：一是获得观察资料的手段，二是保存观察资料的手段。获得观察资料的手段主要是人的感觉器官，但有时需要一些专门设置的仪器来帮助观察，如观察屏、计算机终端装置，更高级的如动作反应器等。这些仪器主要起两方面作用：保证观察的客观性与提高观察的精确性。在保存资料的手段中，人脑是天然器官，但这种与观察主体连在一起的保存手段缺乏精确性和持久性，也不能实现资料的客体化。因此，人们先利用文字、图形等符号手段，进而又利用摄影、录音、录像等技术手段，把观察时瞬间发生的事、物、状况以永久的方式，准确地、全面地记录下来，供研究者反复观察和分析。

无论哪一类手段，都应在观察开始前就准备好，对观察中使用的各种仪器也须事先做好功能检查，以保证在使用过程中不出现故障。对于观察人员来说，必须掌握使用仪器的基本方法，并知道在观察中应做些什么。如，要详细、全面拍摄一堂课，一部摄像机是不够的。观察者应准备几部摄像机，并事先做好分工。即使是做观察记录，也需要事先做好设计，在记录纸上标记以一定的格式排列的必须记录的项目，还可以约定一些记录符号，以尽量减少现场记录时书写文字的时间。

我们以中学生课堂行为记录为例，研究人员应根据研究需要，列出他认为在课堂上学生可能发生的行为。但估计所列不会完整，所以留出一些空格，让观察员在需要时使用。研究者如果要请别人帮助观察，必须事先和观察人员讲清楚每一个项目的具体所指、遇到意外情况的处理方法，要求他们熟悉每一个项目的所在位置。为了稳妥起见，还可以在正式观察前先做几次观察练习，帮助观察人员熟悉表格的内容；如发现表格有缺陷，可在正式观察前做出调整。

⑥规定统一性标准

为了增加观察的客观性，便于衡量和评价各种现象，易于用数量来表达观察的现象，使观察结果可以核对、比较、统计和综合，必须事先考虑自己的观察可能涉及的各种因素，并确定每一因素的衡量标准。每次观察或观察同一现象的不同观察者，要坚持采用统一的标准去衡量。这主要在于，不同的研究项目常会涉及不同性质的标准。例如，有的涉及单位问题，如怎样衡量学生表现的知识质量；有的涉及定义问题，如怎样才算违反纪律；有的涉及计算方式问题，如怎样登记和表达学生之间产生的矛盾的频率；等等。对类似问题，都应事先做好统一规定。

⑦逐段提出观察提纲

在观察计划的基础上，应对每次或每段（几次同一性质同一内容的观察组成一段）观察提出具体提纲，以便使观察者清楚每一次观察的目的、任务和要获得的材料。每次或每段的观察提纲主要包括本次观察要解决的具体问题，应当在前一次或一段观察的基础上，经过深思熟虑之后提出来。观察提纲可采用表格的方式，便于分类统计。

步骤2：实施

在完成观察的准备工作后，研究者可以正式实施观察活动，通过适当途径进入现场。如果研究者采用的为非参与式观察，在进入现场和观察过程中应尽量避免引起被观察者的注意；如果研究者采用的是参与式观察，观察者应努力与被观察者建立融洽的关系。在正式观察过程中，应严格按照观察前所确定的观察对象、手段、计划和标准进行记录，保持观察的客观性。但是，鉴于教育活动的复杂性和多样性，如遇到突发问题，观察者应该冷静应对、灵活处理。

步骤3：整理分析

在观察结束后，应及时对观察资料进行整理和分析，从而为下一步写研究报告或论文奠定基础。首先，要详细检查所有的记录材料，查看并核实是否有遗漏和错误，并设法补写记录和改正错误。其次，对观察资料进行分类。可按照观察提纲进行分类，也可按照研究课题本身的逻辑系统分类，以便今后查阅。再次，分析观察资料。不同种类的资料，分析的方法是不同的，描述性的文字资料主要采取逻辑分析的方法，而数据资料则主要采用统计分析的方法。需要指出的是，在整理和分析资料的过程中，如果发现需要的材料还没有收集到，那就要延长观察时间继续观察，一直到所需材料基本齐全为止。

## 二、调查研究法

### （一）调查研究法的概念

调查研究法是指研究者有计划地通过广泛了解（包括口头或书面的、直接或间接的），在比较充分地掌握有关教育实际的历史、现状和发展趋势的大量第一手材料的基础上，进行分析综合，找出科学的结论的过程。调查研究法一般是在自然情境中进行的，通过访谈、问卷、调查会、测验等方式收集研究材料。必要时，调查研究法可同历史研究法、实验研究法等配合使用。

### （二）调查研究法的特征

教育调查研究法和其他研究方法比较起来，其优点主要有如下四个方面：

第一，教育调查是一种横贯性研究，它可以对众多的调查对象同时开展调查。这样，调查对象内部各种因素所占的数量比例可清晰地呈现在调研者的面前，便于探索出某一教育现象或问题的发展趋势，发现突出的矛盾和弊病，提出改进的方法和建议。

第二，调查研究法同时研究的对象数量多，这是观察研究法、实验研究法难以做到的。一般地说，调查样本都在数百乃至数千个。样本大，随机误差相对就小，在这一点上，调查研究法明显优于其他研究方法。

第三，调查研究法收集的资料以事实数据及调查对象的言语行为为主，它们适宜于进行量化处理，因而，调查资料往往采用定量的统计分析，客观性较强。

第四，调查研究是一种间接性研究为主的研究方法，调查者与调查对象一般不做面对面的直接接触。因此，调查研究可以收集一些隐秘性的问题。调查对象在直接的观察研究与实验研究中不愿意暴露的问题或隐情，在调查中却可能予以坦率回答。特别是当他们认为调查者的保密性承诺是可信赖的时候，他们的答复可能是相当真实、不加任何掩饰的。

当然，调查研究法也具有一定的局限性。其缺点主要表现为以下三点：

第一，调查材料的间接性。调查对象可能基于某种原因，有意或无意地将真相隐藏起来，提供一些虚假的材料。就此而言，调查研究法无法像观察研究法那样直接察言观色，以研究对象的行为去核查他们的言语是否真实可靠。

第二，调查研究主要依靠语言文字工具去进行收集材料的工作，这不可避免地受到研究对象文化水平的限制。如果调查措辞不当或者调查对象语言文字能力太差，调查材料可能会出现较大的技术性误差。

第三，调查法一般是对教育现状做横贯性研究，很少做纵贯性的研究。因为，较大规模的调查研究，涉及的调查对象人数众多，在做纵贯研究时很难保证人员没有缺失。因此，调查研究的可信度和有效性都会降低很多。

### （三）调查研究法的类型

按照不同标准，调查法可以有不同的划分，通常有如下三种类型：

1. 按照调查对象的范围划分

可以划分为普遍调查、抽样调查和个案调查。普遍调查，又叫全面调查，是对调查对象总体的每一成分进行全面的调查。一般这种调查的总体是指全国、全省、全县等较大的行政区域内的某类学校。抽样调查是指从对象总体中抽出部分作为调查的样本，从而达到了解总体情况的调查方式。这种调查根据抽样的方法还可以再区分为随机抽样调查与非随机抽样调查。个案调查是指在对象总体中只选择个别单位、个人来进行有关教育内容的全面调查分析，以解剖麻雀的方式来了解总体的一般情况的调查方法。个案调查通常采用参与法，调查人员隐藏自己的身份，参与到研究对象的生活活动中，以便深入、细致、全面地了解调查对象的所有细节。

普遍调查、抽样调查和个案调查这三种调查各有优缺点。其中，普遍调查范围广，收集资料全面，但耗时费力，资金需要量大，从研究的深度上看也稍差；抽样调查，既有一定的范围，又有一定的深度，资金也较节省，它是调查者最常用的重要调查方式；个案调查有深度，方法灵活，时间、形式比较机动，费用少，但其主要缺陷是调查范围狭窄，研究对象的特征不足以代表同类对象总体的主要特点。

2. 按照调查目的划分

可以划分为常模调查和比较调查。常模调查，其目的是通过调查寻求出各类对象的平均值，用来作为分析教育现象的常模标准。如职业中学生在中学生中的比例经过调查统计确定后，就可以作为今后调整中学教育内部结构的依据。比较调查，其目的在于比较不同时期、不同地区或不同群体的教育状况，以分析它们之间的差异，找出改进的对策。比如，对两个以上地区小学毕业生学习水平的调查，就可以对不同地区义务教育的质量情况加以比较分析，并据此提出加强教育工作的具体建议。

3. 按照时序和性质划分

可以划分为现状调查、追踪调查和追溯调查。现状调查，是指截取教育对象的某一横断面，就相同的问题对众多的对象同时展开询问、调查。这是在教育科学研究中最常用的类型。追踪调查，这种调查与调查对象的发展变化同步进行，不断追踪。它是教育调查研究法中较为少用的纵贯性研究。比如，选择一些中、小学的差生进行多年的追踪调查，就可以从中发现出一些变化规律，研究出某些可行的教育措施。追溯调查，是指将调查的着眼点放在教育现象的历史过程上,从现状入手调查了解某一现象形成的过程和影响因素,从而对某些现象的成因做出分析推断,以为今后的教育教学提供指导和参考。如,对某些单位有成就人士受教育的历史情况进行追溯调查,就可以摸索到一些有益的教育经验,为今后人才培养提供许多好的方法。

**(四)调查研究法的步骤**

教育调查的类型有许多,但其步骤大致相同,可以分为以下六个阶段:

1. 确定调查目标

教育调查的目的是了解教育某一方面的现状,总结经验,查找问题,为解决某一教育弊端提供解决方案,为制定新的教育政策和措施提供参考。因此,在确定一项调查的目标时,主要依据两项基本原则。一是需要性原则。比如,当前我国城市儿童性成熟有提前的趋势。教育部门要想做好初中生的青春期教育,就必须首先对城市儿童生理发育变化的情况进行一次较大规模的现状调查。需要决定调查。有什么需要,就有什么调查目标。二是可能性原则。调查研究的一般特点是样本数量大,相应地,它所耗费的人力、财力也比较多。研究者一定要考虑现有的物质条件,是否有可能达到这一目标。

2. 制订调查计划

调查计划是实施教育调查前的总的设计蓝图。它是调查目标确定下来之后,全部调查工作的预先估算和安排。一份教育调查计划,主要应包括六个部分:(1)此项调查目的的说明,即研究者为什么要进行这次调查,希望通过这次调查解决什么样的教育问题。(2)此项调查涉及的范围。列举出这次调查工作包括的全部项目,也就是调查目标的具体化。它应该明确说明此项教育调查的对象限制在什么范围以内,包括哪些内容的材料需要收集。(3)此项调查的经费预算。一般的预算要列出最基本的收入与支出两个方面的款额,教育调查的主要支出项目有:调查工具费及调查报告的印刷费,调查工作人员的训练费、差旅费、邮电费,调查工作人员的加班补助费。通常的预算应该留有余地,以备意外之需。(4)此项调查的办事机构及人员。负责这次教育调查的主办单位、协助单位要一一列清，各自的职责是什么都要明确指出；参与调查工作的人员数额、各分配什么具体工作均要逐项说明。（5）此项调查收集资料的方法。教育调查收集资料主要有两种方法：一种是调查人员直接实地访问、观察、测验；另一种是调查人员不到现场的间接征集，如发调查表、问卷、检阅档案、统计资料等。制订调查计划时，每个项目具体用何种方法收集资料均要详细列出。（6）此项调查的工作日程。大略地说，应该规定出以下五个工作阶段的大致起讫日期：①调查的准备；②调查人员的培训；③调查工作的实施；④调查资料的整理；⑤调查报告的编撰印刷。

3. 设计调查工具

教育调查无论是采取直接的方式，还是采取间接的方式去收集资料，事先都要设计好所要用的调查工具，如访谈提纲、调查表、问卷、观察卡片、测验量表等。设计调查工具时应遵循以下共同性原则：（1）标准化原则。调查研究的对象数量多，资料项目繁多，为使调查尽量客观，同时便于日后整理，调查工具要力求标准化。（2）经济性原则。调查研究样本大，费用也较其他研究方式高。因此，调查工具要尽量设计得全面、严整，提高其利用效率，避免重复浪费。（3）适用性原则。调查工具的大小、纸质、颜色、画线、定位等，要注意方便、适用。（4）预试原则。调查工具的编制过程一定要搞一次小规模的预试，以收集调查对象的反馈信息，进行修改调整。这是大规模教育调查中十分重要的一项准备工作，把差错尽量消灭在正式调查之前，这样可以减少研究中的技术性误差。

4. 实施调查

教育调查的实施过程，一般分为两步：第一步是对调查工作人员进行培训，让他们了解这次调查的目的、意义及方法、步骤，以使调查工作有条不紊、合乎要求；第二步是开展正式调查。

5. 整理调查资料

教育调查收集上来的资料一般分为两类。一类是观点、看法等认识性材料。这种材料要通过排列整理，整理出条理清晰、明白晓畅的系统性的文字。另一类是数量化的统计材料。这种材料，通常要用统计法、表列法、图示法三种方法加以整理。

6. 撰写调查报告

教育调查的功用，主要是对教育现状的某一方面进行调查分析，以找出优缺点，提出改进的办法措施。因此，教育调查报告的主要内容就应放在对所得资料的分类统计、分析解释上。[①]

**（五）调查研究法的操作过程**

以抽样调查为例，现介绍调查研究法的主要操作过程。

1. 确定调查的目的（确定问题，形成假说；通过调查验证假说，使问题明确化，得出结论）。

2. 确定抽样总体。要从中进行抽样的总体应与要得到信息的总体（目标总体）一致，以保证从样本得出的结论适用于被抽样总体。

3. 确定待收集的数据。一般只收集与调查目的有关的数据，过长的调查表会降低回答的质量。

4. 选择抽样方法。这时总体中的哪些单位作为调查对象基本上可定下来。

5. 编制抽样框。如学校名录、学生花名册等。

6. 确定需要的精确度。因抽样调查是要由样本推断总体，会带有某些不确定性，因此需要确定精确度。一般是对相对误差或绝对误差做出概率水平上的要求。

7. 估计样本容量，估算费用。

8. 抽样试验，在小范围内试填一下调查表，做些必要的改进。

9. 实地调查工作的组织。按抽样方案进行调查。对收回的调查表的质量及时进行检查。对不回答的表要有处理方案。

10. 根据所用的抽样方法进行数据分析。

11. 可对同样的数据采用其他的分析方法，以做比较。

12. 撰写调查报告。留存有关总体的信息，它们可能对将来的抽样起指导作用。

---

① 蒋泓洁. 中小学教育科学研究方法［M］. 北京：北京师范大学出版社，2010：29-32.

对于教育现象，有时无法进行严格意义上的概率抽样，可以考虑采用下列方法抽样：从总体中选出若干有代表性的大单位（群），在群内进行概率抽样；从一个小总体中选出接近于研究者对总体平均数的印象的那些个体；样本限于总体中易于取到的部分；样本是随便选取的；样本由自愿被调查的人员组成；等等。但对这样得到的样本要选择适当的数据分析方法，对结论也要慎重，应充分利用其他信息进行核查、确认。在教育现象的研究中，研究者的智慧、经验和抽样技术的有机结合，是获取好样本的关键。

## 三、经验总结法

### （一）经验总结法的概念

教育经验总结法是根据教育实践所提供的事实，分析解读教育现象，挖掘已有经验，使之上升到教育理论的高度，以便更好地指导新的教育实践活动的一种教育科学研究方法。这是中小学教师常用的方法之一，其关键在于透过现象看本质，找出实际经验中的规律，从而更好地更加理性地改进自己的教学。运用教育经验总结法，应遵循以下基本要求：（1）要注意经验的先进性（观念必须更新）；（2）要全面考察总结的对象，充分占有原始的事实材料，且做到有"点"有"面"、"点""面"结合，防止以偏概全的片面性；（3）要以教育实践活动为依据，不能想当然；（4）要善于进行理论分析。

经验总结法作为一种教育科学研究方法，与一般工作方法的不同之处，主要在理论要求上。优秀的经验总结必须理解先进的教育理论，把握总结的逻辑思路，具有认识上的敏锐性、理论上的深刻性和论证上的说服力。教育经验总结法的意义与价值也就在于此。总结经验的方法实际上是几种方法综合构成的。

### （二）经验总结法的步骤

经验总结法的应用是非常广泛的，可以应用到各个教育实践活动中，其规模、形式灵活多样。可以是集体总结，也可以是个人总结；可以是自

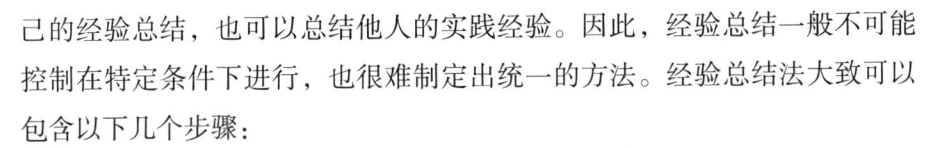

己的经验总结，也可以总结他人的实践经验。因此，经验总结一般不可能控制在特定条件下进行，也很难制定出统一的方法。经验总结法大致可以包含以下几个步骤：

1. 确定研究课题与对象

确定研究课题与对象，就是根据总结的目的和任务，从实际出发，认真选择具有代表性的经验，有组织、有计划地进行总结。一般来说，经验总结应以先进事迹与突出贡献为前提来确定研究对象，但为了全面考察教育的实践过程，特别是在贯彻教育方针政策或实施教学改革等方面，往往需要总结正反两个方面的经验与教训。因此，经验总结法所选择的研究对象应包括好、中、差三种类型，研究范围也要"点"与"面"结合，以获取完整的经验。各个典型对象的选择，必须从实际出发，反复权衡，谨慎筛选，不能随意。

2. 掌握有关参考资料

在研究课题和对象确定之后，就要围绕经验总结的中心内容，广泛收集、翻阅有关方针政策、上级文件与指示、国外研究动态，以及历史的与现实的资料。这不仅对于进一步明确总结经验的指导思想、目的任务和方法十分重要，而且能够避免盲目摸索或重复已有成果，提高经验总结的功效。显然，熟悉和掌握必要参考资料的目的，是为总结经验提供可靠的依据，而不是图解某项方针政策或理论，也不是因袭前人的经验成果，因为经验总结本身就具有寻求真理、革新创造的含义。只有总结出新经验、新理论，才能指导教育实践活动，产生好的社会效果。

3. 制订总结计划

制订总结计划，是总结经验的过程构想，包括总结工作的大体轮廓，即总结的起始、程序、实施、分析和综合，以及总结的验证。因此，要制订出一个切实可行的计划，首先，要明确经验总结的目的、任务和基本要求，经过反复研究讨论，在统一的指导思想下提出计划的初步方案，经验总结者与确定对象者一起讨论通过。其次，要组织力量，从不同层次、不同角度合理分工，并且职责明确地开展总结工作。再次，要充分考虑实施计划的可行性，及时补充或修改原定计划，使之适应经验总结的实际情况，避免在付诸实践中对预料之外的问题束手无策。

4. 收集具体事实

总结经验要以具体事实为基础，如实反映事物的本来面目。因此，在收集过程中，要多方面进行调查研究，反复核准，争取直接得到第一手资料。

5. 进行分析与综合

分析与综合是经验总结的重要环节。经过广泛收集的事实是零散杂乱的，因此，要在充分占有大量事实的基础上，采用分析与综合的思维方法，以使相关的教育经验条理化、系统化。首先，按照经验总结的目的要求，分门别类加以整理，删繁就简，去伪存真，核实必要的数据，查对引证的实例，以求如实反映总结对象的全貌。其次，要认真分析事实本身所具有的普遍意义和社会效果，分析哪些是主要的，哪些是次要的，哪些方面有所创新，哪些方面有待进一步考察。经过初步的分析综合，为经验总结提供比较可靠的论据。最后，分析综合事实，为抽象概括、推理判断打好基础，以便将丰富的经验上升到教育科学理论上来。

6. 组织论证

经过分析综合之后，拟出经验总结的草稿或详细提纲，然后，就应以经验总结者为主体，邀请教育主管部门的领导、教育理论工作者、教师和学生代表参加，召开经验总结的论证会议。若总结内容涉及其他行业，还应邀请有关的人员参加论证，广泛听取意见和建议。

要使论证会议达到预定目的或取得好的效果，一是要提供比较完整的初步总结报告或详细提纲，最好在会议召开之前发给参加论证的人员，使他们了解经验总结的内容，提前做好准备。二是组织论证要以小组讨论为主，使与会人员都有充分发表意见的机会，甚至可以采取个别征求意见的方式，集思广益，吸收真知灼见。三是要充分发扬民主，形成学术讨论的气氛，提倡不同观点的争议，认真对待与会者的质疑、提问和批评，对于议而不决、难于统一认识的重大问题，要认真记录、专题整理，备做进一步研讨。四是论证的结果有认可、基本认可和不予认可三种情况，对于前两者应充分听取与会者的意见进行修改补充，充实经验总结报告；对于后者则要慎重分析研究，认真寻找否定意见的根本原因，根据坚持真理、修正错误的原则，分清是非，权衡利弊，做出抉择。五是论证会应有简要的小结，概括说明与会者提出的意见和建议，评价经验总结报告的主要内容及修改意见，对于有争议的问题亦应做出必要的说明。

### （三）总结教育经验应注意的问题

教育经验总结的主要任务是归纳教育实践的特点，从中找出实质性特征，并在此基础上，形成对教育理论和教育实践具有一定意义的结论。在总结教育经验时，要注意以下几个方面：

1. 注意区分主流与支流，掌握教育经验的核心

在总结教育经验时，要善于透过事物表面抓住实质，这是经验总结的核心。在占有详尽材料的基础上，分清哪些是主流、哪些是支流，只有抓住主流，才能克服和避免主观片面性与随意性。因此，教育经验总结要认真分析、深入研究，抓住主要的和实质性的特征，揭示教育经验的本质和运用经验的手段，指出经验的优越性及指导思想，以免在经验推广时产生那种仅仅模仿先进经验表面的方式方法，而忽视其精神实质的倾向。

2. 进行综合性研究，全面考察

现代教育呈现出多因素、多结构的复杂形态。在总结教育经验时，要通过对教育实践的全过程考察，进行综合性研究。这是因为，任何教育现象都不是孤立的，而是某个教育系统的组成部分，所以，在总结教育经验时，应该有综合性的分析大纲，从各个方面对教育经验进行综合评述。如果没有整体观念，不能正确处理整体与局部的关系，不对教育实践的全过程进行综合分析，就不能揭示教育的客观规律。

例如，有的学校在教学工作上取得了较高的成效，但如果这种教学效果是在增加学生负担、不让学生参加其他课外活动的情况下取得的，那么这种经验就是狭隘片面的，不可能产生较好的社会效果，也没有总结推广的价值。

3. 坚持以实践为基础，实事求是

教育经验总结的内容相当广泛，无论从哪一方面入手，都应以丰富的实践为基础，反映教育实践发展的需要。具体来说，首先，总结对象本身要有广泛的群众基础，对现实中提出的问题给予比较全面的回答或说明。

其次，要认真分析教育经验在教育实践中的现实意义，看其能否起到示范作用，推动教育改革的进程。最后，经验总结的典型性和代表性，应从它的实际效果来看，不应人为编造，哗众取宠。没有丰富的实践作为基础的经验总结是站不住脚的，不能反映教育实践发展需要的经验总结是没有意义的，不坚持实事求是的经验总结不仅不能促进教育的发展，反而会产生不良的社会影响。

4. 普遍性与特殊性相结合，辩证分析

教育经验的内容是极其丰富的，既有具有普遍意义的经验，又有带有特殊性的经验。总结教育经验时，要把普遍的教育经验和特殊的教育经验结合起来，既要关心教育实践活动中的普遍经验，又要关心教育活动中出现的特殊情况，对教育经验进行辩证分析，以确保经验总结的全面性。

## 四、文献研究法

### （一）文献研究法的概念

所谓文献研究法，就是针对所要研究的对象（如教育研究的某现象），对相关文献进行查阅、比照、分析、判断、整理，从而找出教育现象的本质属性或内在规律，证明研究对象的一种科学方法。一般而言，科学研究需要充分地占有研究资料，以便准确掌握相关的科研动态、前沿进展，了解前人已取得的研究成果、现行的研究状况等，而文献研究法恰好能满足这些要求。毫无疑问，研究问题的选择在一定程度上依赖文献。如果研究问题在专业文献中从来没有出现过，那它的重要性就值得怀疑。文献研究是科学有效地进行教育科学研究的必经阶段，也是课题研究中最常用的方法，几乎所有的课题，都是以文献研究为起点。

### （二）文献研究法的优缺点

1. 文献研究法的优点

相对于其他的收集资料的方法，文献研究法有一些其他研究方法所不具备的优势。

（1）间接性。即文献研究处理的资料是间接性的第二手资料。使用文献研究法的研究者可以超越时空条件的限制，研究那些不可能亲自接触的研究对象。例如，我们现在要想研究唐代佛教对社会生活的影响，只有通过查阅大量史籍才能具体进行描述与分析。再如，1968年美国社会学家兰兹等人想研究工业革命前美国的婚姻家庭，由于这个时期的人都不存在了，因此对美国独立前13个州的杂志的分析，几乎是唯一可能的资料来源。使用文献研究法，可在相当程度上打破时间、空间的限制。

（2）稳定性。文献研究法不直接接触研究对象，不会产生研究的"干扰效应"。文献始终是一种稳定的存在物，不会因研究者的主观偏见而改变，也不会因研究者不同而改变。这就为研究者客观地分析一定的社会历史现象提供了条件。

（3）效率高，花费少。文献研究法是获取知识的捷径，可以用很少的付出，获得比其他调查方法更多的信息。文献一般集中存放在档案馆、图书馆、研究中心等地方，随时可以去查阅、去摘录，所需费用极少。

2. 文献研究法的缺点

文献研究法具有以上不少优势，但也存在以下两个明显的缺陷：

（1）不完全性。文献研究法对于教育研究来说，总是一种不完全的资料，因为文献的各个作者并不都按照同一个主题来整理撰写。

（2）一定的局限性。文献调查所获信息与客观真实情况之间，总会存在一定的距离。这是因为，任何文献都是一定时代、一定社会条件下的产物，都是一定的人撰写的。因此，任何文献的内容，都有一定时代、一定社会条件的局限性，都受到撰写者个人因素的制约，并不都是可靠的。

**（三）文献的分类**

文献调查依据的是文献资料。文献资料种类繁多，常用的分类方法有以下几种。

1. 根据文献的加工程度，可将文献资料分为原始资料和次级资料两大类

原始资料是指未经加工的或者仅在描述性水平上整理加工的资料，它主要有实验记录、会议记录、谈话记录、观察记录、个人日记、笔记、信件、档案、统计报表，以及作者本人直接根据所见所闻而撰写的材料，等等。次级资料是指研究者根据一定的研究目的系统整理过的资料，如文

摘、综述、述评、动态、年鉴、辞典、百科全书等。其来源或者是原始资料，或者是他人的研究成果。有的资料几经转引，往往是第二手、第三手甚至第四手资料了。

由于原始资料常常难以找到，因此，在文献调查中往往依赖次级资料，虽然比较方便，可以加快研究速度，但是有些次级资料由于几经转手，其可靠性已比较差。故在充分利用次级资料的同时，还应当重视原始资料的收集与利用，如果必要，还应通过实地调查来收集原始资料。

2. 按照文献资料的形式，可以将文献资料分为文字文献、数字文献、图像文献和有声文献四类

文字文献是指用文字记录的文献资料，是最广泛的文献形式，包括出版物，如报纸、杂志、书籍等；档案，如会议记录、备忘录、大事记等；个人文献，如日记、笔记、信件、自传、供词等。

数字文献，或称统计文献，是指用数据、表格等形式记载的资料，包括统计报表、统计年鉴等。这一类文献资料在文献调查中正发挥越来越重要的作用。

图像文献，即用图像形式反映一定社会现象的文献，包括电影、电视、录像、照片、图片等。这一类文献形象直观，在新闻调查、案件调查等特殊的社会调查中具有重要作用。

有声文献，即用声音反映一定社会现象的文献，包括唱片、录音磁带等。

随着电子技术的迅速发展，上述各种文献形式都可以电子出版物的形式出版。电子出版物的问世，极大地扩展了出版物的信息容量，提高了文献检索的效率和文献的利用率，它将成为文献调查越来越重要的信息来源。

3. 按内容性质划分，文献可分为一次文献、二次文献和三次文献

一次文献包括专著、论文、调查报告、档案材料等以作者本人的实践为依据而创作的原始文献；二次文献是对原始文献加工整理，使之系统化、条理化的检索性文献，一般包括题录、书目、索引、题要和文摘等；三次文献是在利用二次文献的基础上对某一范围内的一次文献进行广泛深入的分析研究之后综合浓缩而成的参考性文献，包括动态综述、专题评述、数据手册、年度百科大全以及专题研究报告等。

### （四）文献检索的步骤

要使用文献研究法，必须先对文献资料进行检索。一般情况下，文献检索主要包括以下三个步骤：

1. 文献浏览

文献浏览就是文献收集告一段落后，将收集到的文献资料全部阅读一遍，以大致了解文献的内容，初步判明文献的价值。在文献浏览过程中应注意几点：一是要粗读而不要精读；二是只读"干货"而去除"水分"，即只注意文献的筋骨脉络、主要观点和有关数据，跳过那些无关紧要的过渡段落、引文和推理过程等；三是全神贯注，思维敏捷；四是抓住重点，迅速突破。一般而言，浏览的重点是文献的导言和结论部分，其可以让人迅速抓住重点。

2. 文献筛选

文献筛选就是在文献浏览的基础上，根据调查课题的需要，从所收集的文献中选出可用部分。筛选时应当注意以下几点：一是必须注重文献的质量、文献的可靠性和有用性；二是要注重所选文献的代表性；三是在筛选时，应从适用的角度区分文献的层次，可以把全部文献预设为必用、应用、备用、不用等部分。

3. 文献精读和记录

文献精读就是对于筛选出的可用文献要认真、仔细地阅读，同时着重在理解、联想、评价等方面下功夫。研究者必须在浏览的基础上，对那些非常有价值的篇、章、节、段进行详尽的阅读和研究。在精读时要反复思考，一边读一边提问题，充分利用自己对相关问题的理解和判断，并在此基础上对那些有价值的文献的篇、章、节、段做好记录工作，以备后用。

## 五、案例研究法

### （一）案例研究法的概念

1. 案例的界定

对于什么是"案例"这一问题，中外学者尚无普遍公认的、权威的定义。一般认为，案例是对现实生活中某一具体现象的客观描述。教育案例是对教育活动中具有典型意义的，能够反映教育某些内在规律或某些教学思想、原理的具体教学事件的描述及分析，它通常是教育实践中遇到的故事与困惑的真实记录。对于"案例"的界定，需要特别注意以下三个问题：

第一，所有的案例都是事件，但并不是所有的事件都可以成为案例。能够作为案例的教育事件必须具备两个基本条件：一是事件中必须包含一个或多个疑难问题，同时也可能包含解决这些问题的方法，换句话说，没有问题在内的事件不能称为案例；二是这个事件应该具有一定的典型性，可以给人带来许多思考，对同样或类似事件具有借鉴意义和价值。

第二，所有的案例都是故事，但并不是所有的故事都可以成为案例。案例讲述的肯定是一个故事，许多情况下还是一个有趣的故事。作为案例的故事至少应该具备两个条件：一是这个故事必须是一个真实的事例，不能是编制者杜撰出来的，不是真实发生的故事不能作为一个案例；二是要有一个从开始到结束的完整情节，片段的、支离破碎的无法给人以整体感的所谓故事不能成为一个案例。

第三，所有的案例都是对某一个事例的描述，但不是所有事例的描述都可以成为案例。

2. 案例研究法

案例研究法是对单一的研究对象进行深入而具体的研究的方法。案例研究的对象可以是个人，也可以是个别团体或机构，还可以是单个事件或现象。案例研究通过对研究对象的典型特征做全面、深入的考察和分析，以"解剖麻雀"的方法来深入探讨研究对象所具有的典型特征和普遍意义，揭示其独特价值。案例研究的样本较少，研究规模也较小，一般都是在没有控制的自然状态下进行的，也不需要在某一段时间内突击完成，特别适合中小学教师。中小学教师在教育教学过程中可以抓住一两个典型的学生或一类学生，结合教育教学工作实践进行研究。

（二）案例研究的特点

与其他研究方法相比，案例研究有自己的特点，概括起来主要有以下几个特征：

1. 对象的单一性和典型性

案例研究的对象通常是单一个体或者单一群体，即使是有多个个体组成的研究群体，也强调研究对象的整体性，整体内各个元素之间相互依赖，其中一个发生变化，其他元素也都将随之发生变化。虽然案例研究的对象是单一的，但是它必须在一定程度上能反映出其他个体和整体的某些特征和规律，因此，个案应该具有典型性和代表性。案例研究的最终目的是了解某个事件或现象、个体或者群体的情况，揭示问题的普遍性。在教育科学领域中，案例研究常常选取优等生、智力超常者、品行缺陷者、优秀教师、心理行为偏差者、先进集体等典型个人、人群，或者某些典型的事与现象，例如青少年退学、某学校在贯彻教育方针时出现的问题、教学课程设计等，通过一个个案的研究，揭示问题具有的较普遍的规律。

2. 方法和数据来源的多样性

案例研究资料的收集方法相当多元，为了收集到更多的个案资料，从多角度把握研究对象的发展变化，就必须结合教育观察、问卷调查、访谈、教育与心理测验、实物分析以及整理查阅文件档案等多种研究方法，综合行动研究、叙事研究等各种研究手段。案例研究注重多样化的数据来源和数据间的相互印证，所得的研究发现更令人信服、更精确。

3. 过程的深入性和全面性

案例研究的目的在于对特定研究对象进行深入的调查，由于个案的单一性，研究者有条件对研究对象进行深入、全面、系统的分析和研究。这是一般的调查研究和实验研究无法做到的。案例研究中所收集的数据覆盖面广而且详细，可以包括个案的基本情况、各种测量的结果、观察谈话结果等。研究人员应采用各种相关研究方法直接或者间接地全面获取材料，以便对个案有充分的理解并深挖问题，避免研究表面化。

4. 情境的自然性与灵活性

案例研究可随时对研究对象做深入研究，且一般都是在自然的情境下展开，不会人为地去改变外在的因素。通过对"正在进行的事件"做极详细的背景化分析，同时用通用的术语对其进行定义并指出其特殊性，往往给读者一种"身临其境"的感觉。在案例研究中，研究者既可在一旁观看，也可参与其中。案例研究非常适合复杂背景下的典型研究，能将复杂的背景转变为简单的因果关系。

5. 分析的精确性与科学性

对资料的分析在案例研究中具有十分重要的意义。通常一项案例研究必须占有有关该个案的大量资料，并以此代表整个现象，其资料收集的范围甚广，包括过去的、现在的以及相关的资料[①]。这样一来，收集到的资料会显得非常繁杂琐碎，因此必须精细分析，方能找到真正的问题所在。由于每一个个案都有其独特的背景，且其特征的形成往往是诸多因素长期作用的结果，因此分析个案须考虑许多变项，不能只探讨目前存在的问题，也要探讨目前问题的来龙去脉。

（三）案例研究法的步骤

1. 研究问题的确定和提出

开始案例研究，首先要确定研究问题。教育研究的问题大多数来自教育实践，是在教育实践中产生并有待解决的问题。可以从以下三个方面对问题的性质加以考虑：第一，价值性原则，即研究问题是否在理论和教育实践上有价值。第二，科学性原则，即研究问题是否以一定的科学理论为依据。第三，可行性原则，即研究是否具备客观和主观条件。案例研究比较适合研究那些需要探求原因、改善模式的问题。如陈向明在"关于我国中部农村儿童辍学问题的案例研究"中指出，已有的研究中"定量的方法不能在微观层面上进行细致的描述和分析""没用再现辍学学生的心理状态和意义建构方式""没有对辍学的具体情节和过程进行探讨"。

其次，研究问题的内容应该以研究课题也就是研究题目的形式具体明确地表明出来。研究题目应该简单具体地揭示案例研究的对象、问题、方法。如"武汉市江岸区辅读学校课外活动实施状况的案例研究：以轮滑活动为例""小学高年级偏科学生自信心培养案例研究""农村小学素质教育的现状及其影响因素案例研究"。

---

① 徐红. 教育科学研究方法 [M]. 武汉：华中科技大学出版社，2013：182.

2. 案例的确定

案例的确定可能是案例研究中最重要的一步，因为如果没有明确的界限限定案例，案例研究会变成一堆无法处理的数据。这一步骤须对第一步中所提出的研究问题进行分析和解读，是对第一步的进一步深化。通过这一步骤，研究者会更加清楚案例应有的特征及价值。案例可以是单个的，也可以是多个的，例如横向的差别比较，纵向的改变和进步，各有不同的作用。

3. 具体研究方法的选择和数据收集

案例研究中数据收集方法的选择主要取决于研究问题，可以是各种质的研究方法的结合，也可以是各种量的研究方法的结合。比如在某一具体的研究中，包括了参与式观察、深入访谈、问卷调查等研究方法。又如，关于组织参与对公共政策制定的研究问题，文件回顾被视为潜在的数据来源；而关于消费者对支持性环境感受的研究问题则更适合通过问卷和深入访谈来获得。多种方法的综合使用被认为是促进案例研究严谨性的一个关键因素。

4. 数据分析方法的确定

为了保证方法的严谨性，数据分析方法必须与收集方法保持一致。例如一般文件、访谈和目标群体数据应该按主题进行分析，问卷的数据则进行统计分析。

5. 得出结论并撰写案例研究报告

一旦经过上述数据处理过程，这些数据就可以被用于进一步分析，并为个案描述中结论的得出提供基础。在数据的基础上，结合现有研究文献，进行综合比较、抽象、概括，探讨所研究对象中的本质规律，这一过程往往被认为是"概念形成"的过程。最后，案例研究报告是案例研究的产物，类似于研究报告的结果和讨论部分。有时为了解释得更清楚，案例研究报告部分会分步进行。

## 六、实验研究法

### （一）实验研究法的概念

从研究方法上看，今天的教育科学研究已经从根本上改变了过去那种以个人思辨研究为主的状况。教育实验已经成为现代教育研究最主要的一种研究方法。一个国家教育科学研究水平的高低，其主要标志就是看它的教育实验搞得好不好、是否科学。

实验研究法，从本质上说，就是一种人工控制情境下的科学观察研究法。所谓教育实验，就是人工创设一种教育情境，实验主持者控制住各种与实验因素无关的条件（无关变量），使其保持稳定不变，同时对实验因素（实验变量）加以操纵，使其按照预先设计发生变化，然后对预想有关因素（因变量）加以观察，进行标准化的测量，以此来确定教育现象间的因果关系，为教育改革与发展探索合乎客观规律的途径。也就是说，教育实验至少包括这几层含义：首先，教育教学实验必须确立自变量与因变量之间的因果关系；其次，教育教学实验必须科学地选择研究对象；再次，教育教学实验也必须控制和操纵实验条件。

通俗地说，这是一种先想后做的研究方法（相对来说）。"想"就是从已有的理论和经验出发，形成某种教育思想和理论构想，即"假说"（亦可称"假设"）；"做"就是将形成的假说积极主动地在有计划、有控制的教育实验中加以验证。通过对实验对象变化、发展状况的观察，确立自变量与因变量之间的因果关系，有效地验证和完善假说。对教育实验研究法的论述很多，西北师范大学李秉德教授的论述比较通俗。他认为，教育实验研究法就是根据一定的教育理论或设想或假设（称为实验因子），组织有计划的教育实践，到一定时间后，就实践效果进行比较分析，从而得出有关实验因子的科学结论来。

教育科学研究中对变量关系进行研究的只有相关分析法与实验研究法两种。相关分析法虽然能找出两种变量之间相关度的高低，却不能确定哪个为原因、哪个为结果。实验研究法是对教育现象间因果关系进行研究的最重要的研究方法。比如，在英语教学中，让儿童边学说英语，边辅以相应的模拟动作，可能有助于儿童的记忆。怎样才能确定这一点呢？显然，只有设计一个实验才能得到验证。首先，我们可以控制住其他一切无关的条件，如教师要选择中等水平的，教学时间限制在教学大纲统一规定的课时数内，不准增减变化；作业量要与其他班级相同，不搞额外的练习；学生要选择智力、学力与普通班级基本相同的一般水平的教学班；等等。然后，只在教学方法上改变这一点，即以模拟动作辅助课堂学习。这样，经过一定时间，对儿童记忆英语的情况加以测验。如果记忆量比其他班级增加了，那就可以确定模拟动作与英语记忆间有一定的因果联系，今后的英语教学改革可以考虑设计一些模拟动作进行教学。

教育实验与一般人常说的试验是有区别的，二者不能混为一谈。所谓试验，是一种尝试。试验与实验的不同之点在于以下三个方面，第一，实验要严格控制实验情境，排除无关因素的干扰，操纵实验因素，以确定教育现象间的因果联系，而试验则不必如此严格；第二，实验要有科学的测验，以精确的数据来验证最初的假设，而试验则不必如此强调数量化的测验，可以凭主观性的判断来评估成果；第三，实验一般选择单一的具体问题作为研究课题，而试验的课题则不受此限制，可以是综合性的、范围广泛的研究课题。比如，中小学的五四三分段即小学五年、初中四年、高中三年的学制试验，牵涉课程、教材、学时等诸多问题，但它不需要确定什么因果关系，只是系列教育措施的调整。如果通过一定规模、一定时间的尝试，学生与教师都感到满意，认为这种学制适合中小学生的情况，那么这个办法就可以说是成功的，可以考虑在大范围内加以推广。

**（二）实验研究法的特征**

"验证假说"和"控制条件"是一切实验方法所具备的共性。但教育实验还有伦理原则、有限控制、控制下的形成性（其过程是很有价值的）等特征。与调查研究法、观察研究法、案例研究法等方法相比，实验研究法的典型特征主要有三。

第一，实验研究法是一种纵贯性研究，它是对研究对象在一定时间内发展变化的过程的考察。某些教育现象在什么条件下会发生什么样的变化，其变化的规律是什么，这一系列的问题，单凭观察研究法和调查研究法是难以确定的。比如，要想知道教室里学生密度对学习情绪乃至学习成绩的影响如何，就可以通过设计一个实验，对学生的情绪变化与学习成绩的变化进行观测，找到其中的规律，最后确定适宜的学生密度。这样的课题，通过其他方法研究是很难达到预期目的的。

第二，实验研究法的另一特点是人工控制。无论是自然实验研究法，还是实验室实验研究法，它们共同的特点就是要对实验情境进行人工控制。无关变量愈稳定愈好，实验变量愈单纯愈好，这样在人工操纵下就可以清晰地观察测量出因变量是否随着实验变量的变化而发生变化。由于实验是在人工控制下进行的，其发生、发展是可以重复的。这就不同于观察研究法，它只能消极地等待某种教育现象的出现，而不能发挥研究者的主动性。

第三，实验研究法是所有科研方法中唯一能够确定因果关系的研究方法。实验研究法的精髓就是操纵某一实验变量，来观察由此引起的因变量的变化，从而找到教育现象的因果关系，揭示教育规律，为教育改革探索切实可行的科学道路。

虽然实验研究法可以有目的地控制变量、主动地创设实验情境、解释变量间的因果关系并具有可重复性，但教育实验研究法也存在一定局限性：教育实验是一种自然环境条件下的实验，无关变量难以控制。比如，搞一项语文诵读教学法的实验，学生的语文测验成绩有了很大程度的提高，但是实际分析起来，使学生成绩提高的因素有许多：可能恰好这个实验班学生家长的语文水平很高，而且又热心于课外的指导；可能实验班的学生有很大一部分对语文学科有所偏爱，课外语文阅读量大；可能实验班的语文教师水平高于一般语文教师；也可能实验教师作业留得多、测验搞得勤等。由于这些无关变量难以严格控制，所以要保证实验的科学性也是比较困难的。

实验研究法的样本比起调查研究法来小得多，如果实验设计者不在设计的科学性上多下些功夫，那么就很难避免由于样本的偶然性因素而产生实验的自然性误差。

### （三）什么叫"假说"

所谓"假说"，就是根据事实材料和一定的科学理论，对所研究问题的因果性和规律性在进行研究之前预先做出一个推测性论断和假定性解释。假说的形成是一个理论构思过程，一般经过三个阶段：发现问题、初步假设、形成假说。

### （四）教育实验中的"变量"

变量，是实验研究中的一个专用术语，与常量是相对的概念，指在质或量上可以变化且可以测评的概念、因素、条件和属性。按照在教育实验中的作用，变量可分为自变量、因变量和无关变量。一项成功的教育实验应当准确把握这三个要素，即操纵自变量、观测因变量、控制无关变量。

1. 自变量

自变量是由实验者操纵，通过自身独立的变化而引起其他变量发生变化的因素。例如在考查不同教材对学生的学习影响的实验中，教材就是自变量。

2. 因变量

因变量是一种假定的结果变量，是对自变量的反应变量，或曰"输出"。它是自变量作用于实验对象之后所出现的效果变量。因变量必须具有一定的可测性。

3. 无关变量

那些不是实验需要研究的、自变量与因变量之外的一切变量，统称为该实验研究的无关变量，也称非实验因子或无关因子。例如不同教材的比较实验，教材之外的教师水平、学生原有基础、家教、学习时间等一切可能影响教学效果的因素都是该实验中的无关变量。为了很好地探索因果关系，以确实保证因变量的变化是由自变量的变化所引起的，就必须排除其他无关因素的影响，控制无关变量，使实验除了自变量以外的其他条件保持一致，这样才能保证实验研究具有一定的效度，否则，实验就失败了。

（五）实验研究法的步骤

实验研究法具有非常明显的计划性和目的性，严密控制实验过程至关重要，这就需要在实施实验时做好充分的准备，明确实验研究的各个步骤及其需要注意的问题。一般而言，实验研究主要包括以下步骤：

1. 确定实验课题

选题是否恰当直接影响着整个教育实验的成效。确定实验课题的核心，实质上就是提出科学的假说。比如，以初中语文教学中听力训练的作用为研究课题设计一个教育实验时，其核心就是实验主持者提出的一个科学假说，即加强初中学生语文学习中的听力训练，就可以使其语文能力（说、读、写）相应得到提高，然后围绕这样一个假设的因果关系去进行设计、实验。如果加强听力训练后，实验班的学生语文能力（说、读、写）相应有了提高，就说明这个假说是正确的；如果实验班学生的语文能力没有明显提高，就说明这个假说是不正确的。若是实验主持者根本提不出这个科学假说，那么实验设计就无从说起。

选择实验课题应注意三个问题：其一，实验要有较大的学术价值。一般地，它应该是前人未实验过或虽实验过但未得出公认正确的结论的课题。其二，实验的因子要尽量单纯，范围要确定。就拿上面所举的例子，一个实验中就不要同时提出"说的训练"来，那样的假说就不是一个因果联系，而是两个因果联系了。实验结果的分析很难判断是"听力训练"引起的语文综合能力提高，还是"说的训练"引起的语文综合能力提高。另外，范围要确定，实验指的是初中学生，而不是泛指各年龄段的学生。其三，两个实验因子之间可以进行比较。如上所述，加强听力训练与传统教学无听力训练之间是可以进行对比的，而如果我们选择这个课题——讨论式学习与听课式学习的优劣比较，就很难进行实验。因为对不同年龄的学生来说，讨论式学习与听课式学习是有不同作用的，这样的假说不明确，因果关系不具体，实验也就无法进行设计与实施。

2. 进行实验设计

实验设计主要包括如下三项工作：第一，选择实验方法。根据实验主持者现有的主观、客观条件，确定实验是采取单组，还是双组，抑或是循环组合方法进行。第二，制订实验计划。实验中如何操纵实验变量，如何控制无关变量，因变量如何进行测量，实验对象如何抽样与编组，实验日程如何安排，实验人员如何选择，必备的物质条件如何准备，凡此种种，均应一一列入计划之中。第三，设计、编制出标准化的测量工具。

3. 选取实验对象

实验对象的分组通常采用随机抽样、简单配对与频数分布控制三种方法。

简单配对，又叫精度控制。为使实验组与控制组相同，最直接的方法就是找出一对相关特征相同的人分别放入实验组与对照组内。这里须强调的是，不仅是某一个单一的特征相同，比如性别相同，或年龄相同，而是要按照所有重要的特征配对。这种简单配对的分组方法把实验对象的自然偏差控制到极小的范围，所以又叫精度控制。其缺点是实行起来非常困难，大大增加了实验工作的难度。

频数分布控制，实际上是上一方法的变通形式。它不试图要求实验组与控制组样本全部特征相同，而只是集中于一个主要特征，只要这两个组在这一变量上的平均值与分布形态相同（相似）即可。比如，在智力测验的成绩上，两组的平均值相近，标准差也相近，就认为两组对象匹配。

4. 前测

教育实验的前测通常采用两种形式。一种是智力测验，如内测验或韦克斯勒测验，对实验对象的智商做一次鉴定。另一种是教育测验。我国目前通用的标准化教育测验不多，所以主要依靠实验主持者自己编制测验量表。

5. 实施实验

按照实验设计规定的程序给予实验对象以实验刺激，同时对实验过程进行细致的观察，做好详细完整的记录。这里应特别强调记录的详尽完备，因为教育实验一般周期较长，无关变量难以严格控制，实验人员详细的观察记录，可以为后来的分析提供可靠的资料。究竟因变量的变化是由于"外界环境的污染"引起的还是实验刺激带来的，当时的记录可以起到科学备忘录的重要作用。

6. 后测

后测的方法与前测相同。

7. 处理数据，总结实验结果

在实验结束时，需要对整个实验情况进行总结，这主要是指在进行数据处理的基础上，撰写实验报告。数据的处理包括数据分析和归因分析两种形式。数据分析是指对相关研究数据进行分类整理，并根据评价标准予以分析和判断，然后获得对整个实验各方面及总体的评价。数据分析指标包括总分、平均分、标准分、标准差、显著性检验、方差等。在对实验结果有了明晰的判断后，还应该对此结果进行归因分析，以判明这些结果是否由实验措施所引起，也就是说，要进一步分析自变量与因变量之间是否存在假说所预示的因果关系。最后，基于数据处理，撰写实验报告。撰写实验报告是实验研究的最后一步工作。实验报告的撰写十分重要，如果写得不好，整个实验研究就会功亏一篑，前功尽弃。因此，实验研究者应该重视撰写实验报告这一环节。

## 七、行动研究法

### （一）行动研究法的概念

通常，"行动"和"研究"被视为不同范畴的两个概念，前者主要指实际工作者的实践性活动，后者则主要指专家、学者等研究人员的学术性探索活动。把这两个词结合起来，作为一个明确的术语和概念，表述为"行动研究"，它是在1933—1945年间由美国的柯立尔等人提出的。他们在安排专业人员和非专业人员结合起来研究改善印第安人和非印第安人之间的关系时得到启发，认为专家研究的结果还须靠实际工作者执行和评价，倒不如让实际工作者根据自身需要，对自身工作进行研究，或许成果会更好。于是他们提出了行动研究的概念，提倡实践者参与研究，在行动中解决自身问题。

前哥伦比亚大学师范学院院长考瑞把行动研究法介绍到教育界。1953年，他在《以行动研究改进学校措施》一书中指出："所有教育上的研究工作，经由应用研究成果的人来担任，其研究结果才不致白费。同时，只有教师、学生、辅导人员、行政人员以及家长等支持者不断检讨学校措施，才能使学校适应现代生活的要求。故上述人员必须以个别或集体形式，采取积极的态度，运用创造性思维，提出合适措施，并勇敢地加以试验；且须讲求研究方法，有系统地收集资料，以确定新措施的价值。这种方法就是行动研究法。"[①]

行动研究是一种适合于广大教育实际工作者的研究方法，既是一种方法和技术，也是一种新的科研理念、研究类型。行动研究是指社会情境（教育情境）的参与者为提高对所从事的社会或教育实践的理性认识，为

---

①瞿葆奎，等. 教育学文集·教育研究方法［M］. 北京：人民教育出版社，1988：16.

加深对实践活动及其依赖背景的理解所进行的反思研究。严格说来，行动研究并不是一种孤立的研究方法，而是一种教育研究活动，是教师和教育管理人员密切结合本职工作、综合运用各种研究方法，以直接推动教育工作的改进为目的的教育研究活动①。

行动研究的实践性强，是一种应用性研究。它面向实际，服务于实际，始于问题的发现，终于问题的解决。在此过程中，研究者一边研究，一边行动，在行动中研究，在研究中提高。它以问题是否解决，工作质量有无改进、改进多少等实效作为成功与否的价值判断依据。行动研究的兼容性强，是一种综合性研究。根据研究问题的性质和研究过程的需要，可借用各种教育科研方法，如观察研究法、调查研究法、实验研究法等进行研究。由此可见，行动研究是针对教育实际情境而进行的研究，是从实际中来又到实际中去，因而它适用于教育实际问题（而不是理论问题）的研究，适用于中小规模的（而不是宏观的）实践研究。

### （二）行动研究的特征

教育行动研究作为教育科研的重要方法，其特殊性表现在以下三个方面：

1. 为行动而研究

教育行动研究法的研究对象是教师的日常教育教学行为，目的是解决教育行动中遇到的具体问题，提高行动的效率、效果，所以，行动研究者关注的并不是专业研究人员感兴趣的理论问题，而是学校管理者和教师在日常的教育教学行动中遇到的具体的实践问题。对这些实践问题的研究，首要目的不是验证理论或发现新知识，而是直接为了实践问题的解决。所以说，行动研究是为行动而研究。从这一目的出发，行动研究不局限于应用某一学科的主张或某一理论知识，而是主动容纳和利用各种有利于解决实践问题、提高行动质量的经验、知识、方法、技术和理论，特别重视采纳实践者、实际工作者对实践和实际问题的认识、感受和经验。

2. 在行动中研究

行动研究不同于理论工作者经常从事的书斋式研究或实验室研究，它

---

① 徐红.教育科学研究方法［M］.武汉：华中科技大学出版社，2013：231.

的研究环境是教育教学现场，更确切地说，它是与实际工作（行动）过程有机结合的现场研究。它不主张把研究和行动看作是两种相互独立的活动分别进行，而是把科学研究和日常行动合二为一，倡导在研究中行动和在行动中研究，使教学工作伴随研究，研究工作提升教学，研究和行动相互验证，相辅相成，真正把教学工作变成充满激情的创造性探索活动。

3. 由行动者研究

这里的行动者是指一线的学校管理者和教师，他们是名副其实的教育实践的行动主体。他们了解自己所处环境的背景和现状，拥有研究和解决教育教学问题的第一手资料，对实践问题的解决起着不可替代的关键作用，故对问题如何解决的研究拥有重要的参与权和发言权。行动研究明确主张教师应成为、能成为，也必须成为自己行动的研究者，教师既是教育行动的主体，也是教育行动研究的主体，教育行动研究必须是行动者的研究。教育行动研究的这一特征，使"教师成为研究者"的理想变为现实成为可能。

（三）行动研究的步骤

1. 计划

行动研究的第一步，是做好行动研究的计划。这主要包含以下几个方面的内容：

（1）发现问题，提出问题。教育教学中的实际问题是教育科研的不竭源泉和动力。行动研究首先要发现那些需要面对和解决的问题，以便从共性与个性的统一中探寻解决问题的途径，找到提高教育教学质量的方法。只要以批判的眼光、研究的态度面对日常的教育教学工作，就会找到研究的目标和生长点。

（2）围绕所发现的问题进行多种方式的调查，包括文献调查、问卷调查、访谈、座谈等。

（3）设计方案。通过对问题的分析和资料准备，对问题的认识逐渐加深，接着就要考虑创造什么条件、采取什么方法解决问题，特别是要考虑清楚总体计划和每一个具体的行动步骤，尤其是第一、二步行动进程。制订计划时需要有多种考虑，既要考虑和包容已知的制约因素、矛盾和条件，又要把始料不及、未曾认识、在行动中才发现的各种情况、因素容纳进去。因此，计划应有充分的灵活性和开放性，不过分追求计划的完美性，而是在实施过程中根据情况的发展变化做出调整和修改。

2. 行动

行动就是在获得了有关背景和教育行动本身的反馈信息，经过思考并达到一定程度的理解后，有目的、负责任、按计划采取的实际步骤。行动研究的实施过程主要包括行动及对行动的观察。这主要包括以下两个方面：

（1）实施计划，进行试验或实验，验证假设。计划的实施，就是要将计划落实到实践中去，在实践中验证假设，这是行动研究的核心步骤。

（2）多种方法收集有关资料。因为行动是有目的的，判断达到目的与否，需要有关的资料和数据。在行动研究中需要运用多种方法收集有关的资料和数据，对行动情况进行观察和记录，通过观察、访谈、问卷调查等手段及时了解计划实施的情况，并对研究的过程和结果做出比较全面、透彻的分析。

3. 总结与反思

在这一环节，重点是反思。也就是说，经过一段时间的行动，收集了相关数据之后，需要对原先的"分析""计划"和"实施"进行必要的调整。整个过程包括下列内容：

（1）整理分析资料。对通过观察、访谈、问卷调查等多种方法而得到的与制订计划、实施计划有关的各种资料加以归纳整理。

（2）解释和评价实验结果，对行动的过程和结果做出判断，对有关的现象和原因做出分析和解释，比较计划和结果的不一致性。

（3）根据实施情况反思修正原计划，准备下一轮新的行动。

（4）撰写行动研究报告。

## 八、比较研究法

### （一）比较研究法的概念

比较法既是一种逻辑思维方法，又是一种研究方法。作为一种逻辑思维方法，比较法是指人们借助感觉、观察及科学实验所获得的外部客观事物的材料进行对比分析，寻找差异与共同点，进而获得关于客观事物的科学认识。作为一种研究方法，比较研究法是指按照既定标准，对某些存在可比性的事物进行对比性考察，寻找其中的相同性和差异性，进而揭示事物发展的普遍规律与特殊规律的研究方法，是理论研究和科学实验中的一种常用方法。

比较必须具备三个条件：第一，必须存在两种以上事物；第二，这些事物必须有共同的基础；第三，这些事物必须有不同的特性。同时，比较是和观察、分析、综合等活动交织在一起的，是一种复杂的脑力劳动。

所谓教育比较研究法，是指把不同时期、不同地域、不同发展背景下的两个或两个以上教育现象进行对比性研究，寻找其中的相同性和差异性，归纳抽象出关于教育发展的普遍规律和特殊规律的教育研究方法。成功地运用教育比较研究法可以加深对教育发展理论的认识，更好地指导教育实践。

（二）比较研究法的特点

总的来看，比较研究法具有如下特点：

1. 突出对象的可比性

比较研究法作为教育研究中一种重要的研究方法，是以比较作为教育研究的主体手段，对事物之间所存在的异同进行比较贯穿教育研究活动的全过程。因此，运用比较研究法，必须找到所要比较的对象，找到对象的可比之处。

2. 强调研究方法的综合性

在开展研究的过程中，比较研究法无法独立地收集所需要的各种信息资料，单靠比较研究法本身往往难以完成研究任务，因此，在坚持以比较研究方法为主的前提下，还要综合运用其他的方法，如观察研究法、实验研究法、调查研究法、统计测量法等，以获取有关比较对象的全面丰富的资料，才能以此为基础进行比较分析，得出研究结论。

3. 研究结论的深刻性

运用比较研究法进行科学研究，能够洞悉事物内部和外部之间的各种联系，能够更深刻地揭示事物发展的客观规律，达到对事物的科学认识。

如在教育研究中，如果将比较研究法和历史文献研究法结合起来，就能够追溯中外教育的发展历程，得出中外教育之间所存在的差异和原因，从而借鉴和吸取历史经验教训，为今天的教育发展和进步服务。如果将比较研究法和实验研究法、统计研究法、调查研究法等结合起来，不仅可以让我们看到教育现象和事物在数量上的差异，还可以进一步分析教育现象和事物内部存在的本质差别，探讨事物之间存在的因果联系。

**（三）比较研究法的一般步骤**

比较研究法的运用一般包含以下四个阶段：

1. 明确比较目的，选定比较问题

运用比较研究法进行教育问题研究，首先需要明确比较目的，并按照比较目的确定比较的问题。比较目的的确定要根据教育实践发展及重大教育理论问题探讨的需要。比较问题的选择则涉及研究的主题、内容及范围等要素的确定。如一项关于"教改实验对学生学习成绩的影响"的课题研究（研究主题），研究的目的是比较布鲁纳"发现法"与传统教学法在提高学生学习成绩方面的影响，比较的内容则是采用传统教学法授课的班级的学生平均成绩与采用"发现法"授课的班级的学生平均成绩，比较的范围限定为两个班级的学生。

2. 确定比较标准

确定比较标准是实施比较研究的基础，一个好的比较标准要具有可比性、稳定性和可操作性，应该明确、具体。如果比较程序正确，应能获得关于客观事物相同性与差异性的比较结论。如在"我国大学学费收取标准与美国大学学费收取标准的比较"中，选择绝对的学费标准进行比较显然不妥，而选择大学生学费占一般家庭收入的比例作为比较标准则能较好地反映出大学生学费标准与家庭承受能力之间的关系。

3. 分析解释比较资料

通过各种途径尽可能全面地收集与比较主题相关的研究资料，并对研究资料进行必要的鉴别与分析，确定其验证研究目的的权威性和客观性。按照比较标准对资料进行分类和整理，赋予参与比较研究的资料以现实的意义。之后，利用已整理好的研究资料并对照比较标准，归纳出有关教育现象相同性或差异性的比较假设。

4. 得出比较结论

对比较假设进行理论的或实践上的验证，最终得出参与比较的教育现象的相同性或差异性的比较结论。

## 九、历史研究法

### （一）历史研究法的概念

历史法研究的对象主要是过去发生的事情。人类历史的发展是持续的，虽然历史上曾经发生过的教育现象因为受当时特殊时代背景和当时生产力水平、生产关系等条件的制约，而表现出一定的特殊性，但是我们仍然能够从中找到一些共同的规律。历史研究法就是对研究对象的各方面事实做详尽的调查，并对其发生、发展和变化过程做全面的分析，从而在了解对象的历史的基础上鉴往知来，揭示其本质和规律的研究方法。

历史研究法对于教育科学的研究具有重要意义。

第一，总结以往学校和教师个人的教育教学经验，可以使我们从前人获得的成就或走过的弯路中吸取经验教训，来改进和推动今后的教育工作，发展我国社会主义教育事业。

第二，批判地继承中外教育遗产，撷精取华，用来丰富我们的教育理论，建立有中国特色的教育科学。

第三，探讨中外不同历史时期和不同的社会条件下教育的产生和发展，以便掌握它的客观规律，揭示其本质属性和未来发展趋势。

第四，掌握前人提供的教育经验和建立的教育学说，把原来的感性认识上升到理论。同时，把原来的理论拿到新的实践中去检验，做到理论与实践紧密结合，推动教育科学的发展。

### （二）历史研究法的特点

历史研究法与其他的研究方法有一个显著的不同——资料的来源不同。它不是直接从现实中的研究对象那里获取所需资料，而是收集和分析现存的、以文字形式为主的文献资料。历史研究法具有以下特点：

1. 历史性

历史研究法的研究对象是已经发生过的，并且已经形成文字记录的教育现象，教育研究者须根据史料进行研究。史料是指某些人对某事件或现象发生经过的记载，主要为文字资料，包括客观现实资料及思想理论资料（或是与某事件的发生发展有关的遗迹）。历史研究法要求研究者占有大量丰富的史料，并运用历史唯物主义，把教育的历史事件、人物、思想放在特定的历史条件下进行分析研究。

2. 具体性

具体性是辩证逻辑的基本要求之一。世界上一切现实的事物都是具体的，它们都是具有许多规定性的关系的总和。每一个事物都是自身对立统一的整体，并在一定时间、空间条件下，通过一定的结构系统同其他事物处于相互联系、相互制约的关系之中。正是这种事物内在的及它同其他事物的对立统一关系，规定了这个事物的具体存在、具体本质和具体的发展趋势。这就是客观实在的具体性。因此，对客观存在的一切事物，都必须把它们当作一个多样性的统一整体加以把握。

3. 逻辑性

历史研究法的研究方式以逻辑分析为主，注重理论研究。研究者要在研究历史发展过程的全部丰富内容的基础上，抽象再现出其中主要的东西，揭示历史材料的本质。要注意从历史实际中引出原则，揭示历史与现实的联系，阐发理论。研究过程中，要做到史论结合，史实和文献资料是研究的根据，理论是研究的终结与结果，要处理好史与论的关系、文献资料与观点的关系。

4. 批判性

教育文献史料是一定历史条件下的产物，特别是有关教育的思想、观点往往受到作者政治观、世界观的制约，因此，研究者要持批判的态度，取其精华，去其糟粕，不能"照单全收"，即在批判的基础上继承，而不是简单地肯定或否定。

（三）历史研究法的步骤

运用历史研究法进行研究，都要通过收集史料、鉴别史料和研究史料而得出科学的结论，在具体的研究过程中，这几个步骤虽可以重复、交叉进行，但一般不可缺失其中任何一个环节。

1. 史料的收集

所谓教育史料，是指能反映教育科学研究对象发生、发展过程及其规律性的一切文字和非文字资料。从史料的来源看，一般可以分为三类。一是以物质的形式保存下来的史迹遗存，包括遗址、出土文物、图片、录音、录像等。二是以文字的形式记录下来的历史文献，包括历朝历代的典籍、档案、地方志、墓志和碑刻等。这是史料的主要来源。三是与研究对象有关的风俗、民谣传说、礼仪等以口耳相传的形式流传下来的东西。教育史料种类庞杂、内容丰富，要收集和自己的研究课题有关的史料，必须有科学的方法，否则会无从下手。在收集资料的时候，要充分利用工具书，找准门径，按图索骥。有关史料占有得越全面，我们对研究对象的分析就会越深刻、越透彻。由于收集史料的工作无止境，任何一个研究对象我们都不可能没有遗漏地占有它的全部史料，因此，我们只要求研究者尽可能全面地收集与论题有关的史料。

2. 史料的鉴别

所谓对史料的鉴别就是指对史料的真伪和文献字句的正误进行确认，以达到去粗取精、去伪存真的目的，使分析和研究建立在真实可靠的史料上。史料的鉴别是一项十分艰巨复杂的工作，除了要有较强的业务知识和技能，还要有客观科学的态度和严谨细致的治学作风。对于今天的中小学教师而言，运用历史研究法研究教育问题，只要保证史料来源的权威性，一般不需要自己对史料做细致的鉴别，遇到特殊需要还可借助第三方力量。

3. 史料的分析研究

用历史法进行研究时，对史料的收集整理和鉴别只是前提和基础。对丰富的史料进行理性加工，以获得对事物本质规律的认识及对这种认识的实践检验才是历史研究法的核心。对材料的理性加工最常用的思维方法是分析、综合、比较、抽象等。通过对材料的理性加工，我们对研究对象的了解就会从事实材料上升到理性认识，再让理性认识回到事实材料中进行检验，从而完成从现象到本质的认识飞跃，得出正确的研究结论。

# 第五章　教育科研课题的申报

## 第一节　课题的类型与层次

### 一、课题的类型

教育科研对象的复杂性、方法的多样性和过程的情境性，决定了课题可选研究类型的多样化。从不同角度，可将教育科研课题划分为多种类型。按研究领域，可以分为理论性研究课题、应用性研究课题和开发性研究课题；按研究范围，可分为宏观研究课题、中观研究课题和微观研究课题；按研究层次，可分为阐释性研究课题、综述性研究课题和创造性研究课题；按研究对象不同，可分为教育课题、管理课题、教学类课题、教学科技课题等。

#### （一）按研究领域划分

1. 理论性研究课题

理论性研究是在教育实践的基础上，认识各种教育现象，探索教育本质和教育基本规律，阐述教育原则，形成系统的教育理论的研究。理论性研究课题指以揭示教育现象的本质及其规律，形成或发展教育科学理论为目的而进行的研究课题。这类研究是在概括和总结教育现象、教育问题基础上，发现新的理论和重新评价原有理论的过程，具有高度抽象性、理论体系性和效益长期性等特点，强调研究的深度，主要回答的是"为什么"的问题，其目的在于建立有中国特色的现代教育科学理论。例如：关于教育本质、教育目的、教学过程规律等的研究。因此，这类课题对研究者的研究水平要求相对较高，对大多数中小学教师来说有一定的难度，建议教师尽量选择适合自己研究水平的课题。

2. 应用性研究课题

应用性研究课题是运用基础理论研究得出的一般知识、原理、原则，针对某一具体实际问题，研究某一局部领域的特殊规律，提出比理论性研究更有针对性的理论和方法的研究课题。这类教育研究课题，具有实际应用价值，是把教育科学的基本理论知识转化为教育技能、教育方法、教育手段和教育方案的过程，其目的在于将教育理论同教育实践结合起来，以解决教育实际问题，提高教学质量。其研究特点是使基础理论研究成果具体化和实用化，直接解决教育管理和教育改革中的实践问题，主要是回答"是什么"的问题。凡是教育教学活动中面临的问题，都可以作为应用性研究课题。目前绝大多数教育研究是应用性研究。例如：学校管理体制改革研究、中小学生流失的调查与对策研究、中小学生心理健康研究、教师队伍现代化建设研究、改造薄弱学校研究、青少年潜能开发研究等。

3. 开发性研究课题

开发性研究课题是建立在前两种研究的基础上，以开发能使用的教学产品为目的的课题研究。教育产品除教科书、投影片等有形产品外，也包括可操作性的教育教学方法或组织教育教学的策略、程序等无形产品。

（二）按研究范围划分

1. 宏观研究

宏观研究是对教育系统内外部进行的整体性、综合性、系统性研究。包括两个方面，一是教育与外部的关系，如教育与政治经济、教育与社会发展、教育与人口等关系研究；二是教育内部带有全面性问题的研究，如教育事业发展、教育政策、教育结构、教育管理、教育投资等研究。

2. 中观研究

中观研究介于宏观研究和微观研究之间，它是对特定范围、领域、战线、部门内的教育现象和教育问题进行的研究。例如，就不同研究领域而言，其中宏观层面可以包括幼儿教育研究、基础教育研究、初等教育研究、职业教育研究、成人教育研究、中等教育研究和高等教育研究等。

3. 微观研究

微观研究是对教育问题中某个单独因素进行具体细致的研究，这类研究立足教育、教学实际，是针对某一个具体问题开展研究，如小学德育工作的研究、语文教学方法的研究、差生学习障碍研究等。

（三）按研究层次划分

1. 阐释性研究

阐释性研究是低层次研究，它是对各种教育理论的一般叙述，更多的是在解释别人的论证，这类研究将教育现象和已有的教育规律进行对比或验证，通过自己的理解给予叙述性解释。虽然阐释性研究是简单的研究，但在科研中必不可少，它能定向地提出问题、揭示弊端、描述现象、介绍经验，有利于普及工作。这类研究主要表现为对揭示性问题的调查、对实际问题的说明、对某些现状的看法等。

2. 综述性研究

综述性研究是把分散、不全面的观点综合在一起，形成系统性观点的研究。这类研究的研究对象不是单一的事件或某一种情况，而是某些现象或某一事物的诸多方面。综述性研究是对知识的加工，包括贮存、分析、鉴别、整理，使零散的知识系统化、结构化，其成果往往是对某个教育规律的综合认识，是在一定范围内进行调查或实验的基础上对某一教育问题的比较全面系统的介绍。

3. 创造性研究

创造性研究是高层次的教育科学研究活动。它是用已知的教育信息，探索创造新知识，产生新成果的过程，对教育教学改革具有重要的实际价值或理论意义。其成果表现形式多样，可以表现为一种新观念、新设想、新理论，也可以表现为一项新方法、新技能、新成就。

## 二、课题的层次

从教育研究的实践看，教师的日常工作实际上带有一定的研究性质，每一项工作都是在以不同方式研究教育问题，探索教育规律。教育科学研究是一种认识活动，它受到各种因素的制约和影响，必然存在相对独立的不同层次[①]。一般来说，课题可以分为四个不同的层次。

### （一）直觉观察层次

直觉观察层次的课题主要回答"发生了什么"的问题，例如，学生一节课能掌握几个动作？男女学生在动作技能学习方面有什么不同特点？处于直觉观察层次的课题能够不断地"阅读孩子"，了解发生了什么事情、这些事情是否应该发生、其性质怎样等。比如，某个同学的成绩在不断下降、某个同学上课注意力分散、某个同学的学习习惯不佳等。一线的教师每天都会遇到这样的问题，都有可能进行这个水平的研究。但这个层次的研究还处在比较浅显的资料收集水平，它只描述教育事件，即"发生了什么"的问题，只是隐约感觉某一种原因与结果之间存在某种关系，还没有真正地进入教育思想的构建和创造的层次。教师若能自觉地关注自己身边发生的教育事件，以研究者的姿态应对教育过程，在收集有关信息的基础上，有意识地发现和提出问题，并进行追问和澄清，形成解决具体的教育问题的基本技术、技能和技巧，那么这本身就是一种教育研究的过程。

这种凭直觉观察的研究，虽然只是研究的初级阶段，但可以为教育理论提供丰富的营养，培养教师的反思意识，直接改善教育实践，并为进一步地深入研究打下坚实的基础。

### （二）探究原因层次

探究原因层次的研究主要回答"为什么会发生这种现象"的问题，是指在直觉观察水平研究的基础上，进一步反思引起某种状态的原因是什么、为什么会发生这种现象、怎样改变现有状态等，其旨趣主要在于探寻自变量与因变量之间因果关系的真实程度，在找到问题产生的内在原因后寻求解决的方法。比如，某个同学识字能力得以增强，到底是因为教师采用了新的识字方法，还是他最近生活经历的影响；某个同学对色彩感知能力提高，是因为美术课上采用了有效的教学方法，还是其他原因；等等。

探索原因层次的研究不仅需要实践的敏感性，而且需要有一定理论假

---

[①]孙泽文，等. 教育科学研究的特征、层次与价值思考[J]. 教学与管理，2016（27）：11-14.

设的引导和一定的条件控制。只有以理论解释研究内容，才能较好地描述研究对象之间的内在关系，这样的研究才更有价值。例如，探索原因层次的实验研究必须在研究之前就有明确的研究假设，合理设计自变量和因变量，对研究对象做均等化处理，排除无关因素的干扰，以对事物因果关系有一个清晰的把握，获得客观的普遍性结论。

### （三）迁移推广层次

迁移推广层次的研究要回答的问题是：某一种研究结果在其他条件下还会发生吗？发生的概率有多大？在不同的条件下会发生同样的现象吗？比如，教师解决了某个同学的学习兴趣问题，是否就证明该同学学习兴趣提高的真正原因，就是因为教师所采取的教学方法适当呢？一般还不能下这样的结论。因为在教师改进教学方法的同时，还可能有其他的一些因素会影响到同学们的学习态度，如家长对他们的影响、其他教师的课程影响等。为了验证教师所采用的方法的可靠性，就要进行迁移推广层次的研究。

迁移推广层次的研究一般需要专门的设计和适当的测量工具，主要是证实某种教育措施在不同的条件或情况下也会产生同样的效果，为此，它必须有具体科学的、操作性强的实施方案，明确规定的研究条件，明确的推广范围界定和操作性建议。

### （四）理论研究层次

理论研究层次的研究是为探究一种研究结果背后究竟存在哪些潜在的理论而开展的研究活动。理论是为阐释问题和预测现象，将相互关联的概念和命题组织在一起而得出的系统性结论，是为了解释一个或多个具体经验而提出的一组论点。理论研究层次的研究是把上述三种层次的研究结果与相关理论联系起来，探寻这种研究是在什么理论指导下进行的，即从教育学、心理学和社会学等学科视角，寻求这种研究所依据的理论模型或原理，并用研究的结论指导教育实践。比如，苏霍姆林斯基在几十年的教育研究中，从观察一个个同学着手，对几百名特殊的儿童进行了仔细研究，总结和概括出一些有价值的教育规律。据此，可以认为，理论研究层次具有科学发现的性质。

理论研究层次是教育研究的最高水平，它的整个研究过程都必须具备理论思维，概括出研究所依据的原理，揭示教育内外部的联系和规律，最终形成较完善的理论体系。对于一线教师而言，他们的研究一般处于前三种研究层次，而不需要从事理论水平层次的研究。

这四种研究层次实际是教育研究发展的四个阶段，反映了人类认识发展的不同水平，体现出从现象的描述（具体）到形成理论性认识（抽象）再到事物本质的深入（思维的具体）的发展过程。每一研究层次都有自己独特的价值，我们要明晰自身研究所处的层次，并不断创造条件，提升研究能力，向高一级水平发展。

## 第二节 课题的申报程序

### 一、课题申报的基本要求

#### （一）申报对象的要求

教育科研是一项艰苦的创新活动，对科研人员的基本素质有一定的要求。因此，课题申请人应当具备一定的学术资格和任职资格。教育科研管理部门在发布课题申报的通知时，都会在文件中对相关课题申报人员的任职资格、科研能力等进行规定，以保证课题完成的可行性。不同级别和类型的课题、同一级别不同课题项目对于申报人员的要求存在一定的差别。例如，省级教育科学规划课题对申报人的资格规定如下：

具有副高以上专业技术职务，不具有副高专业技术职务，须有两名副高以上专业技术职务人员推荐，确有主持规划课题研究能力、有承担课题实质性研究时间的教育工作者，均可申请承担规划课题研究。每一申请人不得同时申报两项课题。以往承担的省级课题必须按规定结题，未结题者不得申报新的课题。

湖南省教育科学研究工作者协会课题的要求如下：

教育科研课题以基础教育教学内容为主，本科教育、高职高专教育教学内容为辅，申报对象原则上为全省各普通中小学校、中等职业学校、幼儿园、各市州所辖教育学院、中等师范学校、教师进修学校、广播电视大学分校，各市州、县、市、区教育科研机构以及高职高专、本科院校省直科研机构等会员单位。非会员单位原则上可边申请入会边申报。

全国教育科学规划课题的要求如下：

课题申请人须具备下列条件：遵守中华人民共和国宪法和法律；具有独立开展研究和组织开展研究的能力，能够承担实质性研究工作；国家重大和重点课题申请人须具有正高级专业技术职称（职务），能够担负起课题研究实际组织者和指导者的责任；国家一般课题申请人须具有副高级以上（含）专业技术职称（职务）或博士学位。不具有副高级以上（含）专业技术职称（职务）或者博士学位的，可以申请国家青年课题、教育部重点和教育部青年课题，但须由两名具有正高级专业技术职称的同行专家书面推荐。国家青年及教育部青年课题申请人和课题组成员的年龄均不超过35周岁。课题组成员或推荐人须征得本人同意并签字确认，否则视为违规申报。申请人可以根据研究的实际需要，吸收境外研究人员作为课题组成员参与申请。全日制在读研究生不能申请，具备申报条件的在职博士生（博士后）从所在工作单位申请。

课题申请单位必须符合以下条件：在相关领域具有较雄厚的学术资源和研究实力；设有科研管理的职能部门；能够提供开展研究工作的必要条件并承诺信誉保证。以兼职人员身份从所兼职单位申报全国教育科学规划课题的，兼职单位须审核兼职人员正式聘用关系的真实性，承担项目管理职责并承诺信誉保证。

**（二）选题申报的要求**

教育科研课题的选题申报一般是有要求的，具体要求如下[①]：

选题指导思想正确，注意理论结合实际。

选题原则上以各级教育规划领导小组所编制的课题指南为依据，也可以根据自身情况自选课题。

选题应突出重点、热点问题，又要兼顾一般的理论和应用性课题。

---

①钱爱萍，吴恒祥，赵晨音. 教师怎样做课题研究[M]. 北京：中国轻工业出版社，2007：19.

省级教育科学规划课题对于申报选题的原则做如下规定：

要以省域内教育改革发展的重大理论与实践问题为主攻方向，突出应用研究，注重基础理论研究，鼓励新兴交叉边缘学科研究和跨学科的综合研究，支持成果开发与推广研究，力求居于学科前沿，具有全局性、战略性、前瞻性、综合性，避免低水平重复研究。符合课题指南的指导思想、研究重点和范围，有较大的现实意义和学术价值。

湖南省教育科学工作者协会2019年度教育科研课题选题的规定是：应充分体现全国教育大会提出的新思想、新观点、新论断，课题申报人应根据《课题指南》，结合自身研究基础和特点，选择各地、各类教育教学中的具体问题中微观问题，确定申报课题。

## 二、课题申报的办法和程序

目前，教育科研管理部门发布的相关公告中对课题申报的办法和程序都做了明确规定。省级协会课题一般是凭纸质申报表立项，省教育规划课题一般是网上申报立项。课题申报的具体步骤通常是如下内容：

一是申请人应书面或口头向科研管理部门提出申请报告。

二是申请人到科研管理部门办理申报手续，索购"课题指南""课题申请书"和有关文件。

三是学习"课题指南""课题申请书"的有关内容，确定申报课题的初步意向。

四是确定了初步的选题意向后，按照申请书的填写要求填写申请书草表，复印若干份。

五是将上述申请书草表送交专家审阅并进行咨询论证，专家初步通过以后，就可以填写正式的申请书。

六是正式的申请书应一式多份，且须经申请人所在单位审核，由申请人所在单位对申请人的政治表现、业务水平、科研能力等给出明确意见，加盖单位公章，承担信誉保证。然后，报主管部门审核，并在规定时间内报送课题审批部门，至此课题申报工作结束，等待专家组或学术委员会会审和评审结果的书面通知。

## 第三节　课题设计论证书的写作

课题的申报与研究方案有密切的联系。研究方案是课题申报的基础，申报课题立项后，研究方案便列入科研部门管理，并可以获得经费资助及其他方面的支持。在申报课题的过程中，无论申报何种类型、级别的课题，"教育科研课题申请评审书"的填写都是必不可少的环节。

### 一、申报书的基本内容

针对不同类型、不同级别的课题，申报书填写内容也不完全相同，一般包括数据表、负责人和课题组成员近期取得的与本课题有关的研究成果、负责人和课题组成员近期承担的研究课题、课题设计论证、完成课题的可行性分析、预期研究成果、经费预算、推荐人意见、课题负责人所在单位意见、课题设计论证活页等方面的内容。

（一）课题数据表

课题数据表示对申报课题的基本情况、课题负责人基本情况进行简要介绍，如表5-1所示。通过基本数据表，评审专家能对课题的价值、效益以及课题组科研能力等有个基本的认识，因此，基本数据表填写得漂亮，能给评审专家留下好的第一印象，为课题的成功申报加分。

课题基本情况主要包括课题名称、关键词、课题类别、资助类别等。课题名称要反复斟酌，一要准确、二要规范、三要简洁、四要与时俱进，不要"口号式""结论式"，不要标点符号，不提倡副标题。

表5-1 湖南省教育科学规划课题立项申请评审书·课题数据表

| 课题名称 | | | | | | |
|---|---|---|---|---|---|---|
| 关键词 | | | | | | |
| 课题类别 | | | | | | |
| 主持人姓名 | | 性别 | | 民族 | | 身份证号 |
| 行政职务 | | 专业职务 | | | | 研究专长 |
| 最后学历 | | 最后学位 | | | | 担任导师 |
| 所属系统 | | | | | | 电子邮箱 |
| 工作单位 | | | | | | 单位编码 |
| 通信地址 | 湖南省（市）__州（县）__市、区（街）__路（号） | | | | | 手机号码 |

填写说明：

**课题名称** 应准确、简明反映研究内容，最多不超过40个汉字（包括标点符号）。

**关键词** 按研究内容设立，关键词最多不超过3个。

**课题类别** 请按以下类别选项填写，限报1项。例如：ND│省教育科学规划年度课题

ND.湖南省教育科学规划年度课题　JJ.湖南省社科基金教育学专项课题　JD 湖南省教育科学研究基地专项课题　JC.湖南省教育科学规划决策咨询专项课题　KS.湖南省教育科学规划教育考试专项课题　JF.湖南省教育科学规划教师发展研究专项课题　XJ.湖南省教育科学规划学生就业创业专项课题　PZ.湖南省教育科学规划贫困生资助专项课题　CJ.湖南省教育科学规划教育财建管理研究专项课题　DJ.湖南省教育科学规划党建研究专项课题（具体课题类别及代码请留意当年课题申报通知）ZJ湖南省教育科学规划职业教育研究专项课题

**资助类别** A01.省重大资助课题（仅包含决策咨询专项、研究基地专项）　A02省重点资助课题　A03.省一般资助课题　A04.省青年资助课题　A05.省一般（自筹经费）课题

**学科分类** 请根据以下学科选项填写，限选以项。例如：B05│高等教育

B01.教育基本理论与教育史　B02.教育发展战略　B03.教育经济与教育管理　B04.基础教育　B05.高等教育　B06.职业教育　B07.成人教育

B08.德育　　B09.体育卫生艺术教育　　B10.民族教育　　　B11．比较教育与教育合作交流　　B12.国防军事教育　　B13.教育心理　　B14.教育信息技术

**服务方向**　指课题研究主要的服务方向。例如：C03｜实践应用

C01．决策咨询　　　C02.理论创新　　　C03.实践应用

**性别**　指课题主持人的性别。例如：D01｜男

D01．男　　　　D02.女

**行政职务**　指课题主持人的职务级别。例如：E02｜处级

E01．厅级及以上　　　E02.处级　　　E03.科级　　　E04.科级以下

**专业职务**　指课题主持人的专业技术职称。例如：F02｜副高级

F01．正高级　　F02.副高级　　　F03.中级　　　F04.初级

**最后学历**　指课题主持人获得的最高学历。　例如：G02｜硕士研究生

G01．博士研究生　　　G02.硕士研究生　G03.本科　　　G04.专科　G05.专科以下

**最后学位**　指课题主持人获得的最高学位。例如：H02｜硕士

H01．博士　　　　H02.硕士　　　　H03.学士　　　　H04.无

**担任导师**　指课题主持人被聘任导师情况。例如：I02｜硕士研究生导师

I01．博士研究生导师　　　I02.硕士研究生导师　　　I03.未担任导师

**所属系统**　系指申请人单位的属性。请选项填写，限选一项。例如：J05｜中小学校

J01．教育部直属高等院校　　J02.其他高等院校　　J03.省教育厅直属研究机构　J04.其他科研机构　J05.中小学校（包括职业学校、技校、幼儿园等）　J06.军事机关及院校　J07.省教育行政部门　J08.省委、省政府机关　J09.市（州）教育行政部门　J10.其他

**工作单位**　按单位和部门公章全称填写。

（二）课题选题

1. 问题的提出

在问题的提出方面，要阐释课题提出的缘由，可从现实存在的问题、国家和省级政策文件要求等方面来阐述为什么研究这一课题。应反映时代发展要求，可以从宏观、中观和微观的角度，简明扼要地说明在什么情况

下研究此课题、为什么要研究此课题。一般可以先从现实需要方面去论述，指出现实当中存在这个问题，需要加以研究。

如教育科研成果推广问题，已成为当前教育科学研究中的难点问题。对这个问题，教育行政部门异常关注，中小学校要求迫切，科研主管部门力不从心。比如我们省抓了好几个五年计划的教育科研，课题立项了数千项，经费投入几千万，产生了不少优秀的教育科研成果。特别是近几年来，随着省级规划课题管理的规范化，课题全面质量管理持续改进，课题应用性增强，管用的课题增多，不少专业研究人员逐步自觉不自觉地把成果推广列入课题研究的范围，教育科研成果推广作用在不断加大。但由于认识还没有完全到位，加上时间、经验和精力等原因和教育科研成果转化的复杂性，很多优秀课题研究成果没有在全省有组织、有计划、全面系统地进行总结推广，对全省的教育改革和发展的整体影响和促进作用不大，科研与教学"两张皮"、科研与成果转化脱节的现象依然存在。这种课题研究与成果推广的分离现象，不仅影响了教育科研经费和资源效益的发挥，而且直接影响了教育科学的发展和繁荣。湖南省教育厅领导对此问题明确指出，我们的教育科研，不能只看写了多少论文、出了多少书、评了多少奖、上了多少职称，更要看它对全省教育改革与发展究竟发挥了多大作用。为解决以上问题，我们提出研究"教育科学规划课题成果推广研究与实践"这个课题。

2. 国内外相关研究的学术史梳理

在国内外相关研究的学术史梳理方面，要秉持严谨的治学态度和遵循正确的步骤，做一篇高质量的文献综述，并不断反思和评估文献综述的质量和精确性[1]。文献综述是指研究者围绕自己的研究选题对一定时期国内外与此相关的教育专著或是学位论文进行查阅、归纳整理和分析研究的综合性论述。文献综述有其特殊的使命，也是大有讲究的，它不应是对以往研究成果及其内容的简单罗列和机械堆砌，而应为读者提供一个相关研究的总体状貌。就某项具体的研究而言，文献综述起码要解决以下基本问题，

---

[1]来凤琪．教育研究的方法、步骤、逻辑及其发展[J]．开放教育研究，2017，23（03）：29-36．

一是告诉读者哪些人做了微观研究、哪些人做了中观研究、哪些人又做了宏观研究。这几个层次的研究是齐头并进的，还是分阶段依次递进的；彼此是相互孤立的，还是耦合关联的。二是告诉读者哪些人做了原理性研究、哪些人做了原则性研究、哪些人做了制度和政策性研究、哪些人做了技能技巧性研究。如果说，以往的研究只是聚焦或局限在某类研究或某些研究上，没有完成从原理到技巧的系统探索，那么还有哪些区域的研究是缺位的，这些区域是否亟待研究或值得研究。三是告诉读者以往的研究整体上可以划分为哪几个阶段，不同阶段之研究各自具有哪些特点，彼此之间存在怎样的关联性；后期研究是如何继承、突破和超越前期研究的；继续研究的起点或制高点在哪里，未来的研究空间如何拓展。四是告诉读者以往的研究有哪些优点或取得了哪些可资借鉴的成果，整体上还存在哪些不足，我们如何弥补这些不足。这些内容的分析一方面可以论证本课题研究的地位与价值，另一方面也能反映研究人员对本课题研究是否有较好的把握，是否具有一定的研究基础。

从已有的课题研究方案文本来看，文献综述不同程度地存在以下三大问题：一是简单而不完整，仅用自己查阅到的局部研究代替整体研究，用某个历史片段的研究代替整个历史全景的研究；二是齐全而烦琐，集中表现为大量的相关研究文献及其观点的简单罗列，缺乏分析、判断、甄别和选择；三是没有展现研究成果演进的历史生态，不同类型、层次的研究成果以及不同阶段的研究成果是孤立的，缺乏关联论证。

如"需求导向的学前教育专业人才培养模式研究"课题文献综述

总的说来，目前学前教育专业人才培养模式的研究还是相当薄弱的，且研究方式和侧重点也各不相同。以"学前教育专业人才培养模式"为主题在知网搜索仅342篇，以其为篇名搜索仅89篇。当前研究主要集中在以下几个方面：

（1）对现有的具体人才培养模式进行分析。有人分析了五年一贯制学前教育专业人才培养目标，整体构建五年一贯制学前教育专业课程体系，有效建立高职与中职资源共享、合作互助的组织管理机制的策略；有人通过比较高中起点三年制和初中起点五年一贯制这两种学前教育专业人才培养模式，指出两者都具有很强的实用性，短期内应继续存在；有人从学前教育专业人才如何适应托幼机构岗位的核心问题出发，提出了校园合作人才培养模式。

（2）从案例的视角对学前教育专业人才培养模式进行改革与完善。随着幼儿教育事业的不断发展，开设学前教育专业的高校均就此专业开展了一些适合自己学校所在地区的区域性探索。有人通过总结青岛职业技术学院10年的探索和实践经验，提出"三方协同、四位一体"的学前教育专业人才培养模式；有人提出了基于建立教师专业发展学校（PDS）的"合作伙伴"人才培养模式，认为这是一种有效的新模式。

（3）分析人才培养中的问题并提出对策。有人认为高职学前教育人才培养现状存在培养过程中过于重视就业、过于强调艺术类课程，忽略了专业理念和师德培养的问题，提出教学模式设置要以培养学生的综合素质为主旨，加强学前教育专业师资团队建设的策略；有人认为学前教育师资培养过程中存在"重理论、轻实践"的问题，需要实施加强与用人单位的合作，建构"实践导向"的课程体系和与用人单位联合培养的管理机制的策略；有人鉴于当前我国幼师教育存在模糊化办学定位、表象化校园合作的主要误区，提出了高职学前教育专业教、学、做"三位一体"人才培养模式的构建策略。

综上所述，国内对学前教育人才培养模式的研究起步较晚，学者们虽然取得了一定的成果，但是研究成果不够全面、深入，还存在许多值得思考的问题。首先，大部分学者都注重对现有人才培养模式的改革与完善，只有部分学者开始引入新的理念探寻新的适合的学前教育专业人才培养模式；其次，对学前教育专业人才的培养缺乏相应的理论指导，大多是实践经验的总结；最后，缺乏对国外先进经验的借鉴。

3. 本课题相对已有研究的独到学术价值和应用价值

课题研究具备学术价值和应用价值是其内在要求，也是课题成果评价的重要指标，更是评审专家重点关注的内容之一。具体而言，可以从以下两个方面来突出课题的价值：

（1）从理论层面来突出课题研究的学术价值

课题研究的学术价值就是学术增量。通常意义上讲，我们研究选题的学术增量可以体现在新的理论、新的资料或者数据，以及新的方法。

（2）从实践层面来突出课题研究的应用价值

所谓应用价值，主要是指科研成果对有关教育部门的教育决策能够产生一定的影响，并在具体的教育教学过程中具有一定的推广价值、实用价值、适用范围以及可行性。包括相关科研成果的推广活动的成效、相关研究成果实践应用效果。必须通过大量的调查研究，在对国内外特别是本学校校情、传统特色和发展方向具有较全面的客观认识的基础上，弄清楚申报课题所要研究和解决的问题是否具有典型意义和普遍性价值，能够在哪些方面和何种意义上为兄弟学校所借鉴，避免课题研究的空泛、苍白和脱离现实生活。

**（三）课题论证**

课题设计论证是课题申报书的重要内容，论证好坏是决定申报课题能否成功的关键性因素。虽然不同类型、不同级别的课题申报表中的课题设计论证填写的内容具有一定的差异性，但其主要内容基本一致。一个完整的课题设计论证主要包括研究内容、思路方法、创新之处、预期成果、预期成果使用去向及社会效益、重要参考文献等基本内容，须注意以下几点：

1. 研究内容

在研究内容方面，须对该项课题研究的概念界定、总体框架、重点与难点、主要目标等进行阐述，做好逻辑梳理，使评审专家能一目了然地了解申报者会在哪些方面有突破性的研究成果，从而不仅是从该项研究的重要性、必要性方面，更重要的是从研究所能达到的学术水平上去理解、认同该项课题的价值。不少教师在申报课题时，往往热衷于论述所申报课题的意义，忽视交代自己对这一课题的全部分析要点和主要目标，结果使课题论证空泛而无具体内容。事实上，对课题中的问题提出独特见解，才是最重要的，也是研究的本意。

（1）概念界定

概念界定即对研究课题中的关键概念进行比较明确的定义和解释。

这样做，一方面可以使该研究课题在确切的范围内展开，使研究思路明确清晰，具有可操作性和科学性；另一方面也便于他人按照研究者规定的研究范畴来理解该研究内容及评价该研究的合理性。在教育科学研究的理论与实践中，许多概念说法不一，观点各异，如作为研究对象的"厌学生""差生"等，不下明确的定义就无法明确显示研究对象。

（2）总体框架

总体框架是对课题主要研究方向和研究内容提纲挈领的阐释，是对课题研究内容整体设计的预设流程，是研究者在厘清研究内容及方向的基础上做的一个整体性、逻辑性和程序性的思考，目的是让研究者明确课题研究的预设路径。可用课题研究框架图呈现，并呈现一定的逻辑结构，这样思路指向更清晰，课题更有内涵和品质[①]。

如聚焦职教混改政策创新课题开展研究。主要内容如下：

①职业教育混合所有制改革相关理论问题研究。本课题基于对混合所有制经济理论和职业院校混合所有制办学实践的分析，准确界定混合所有制职业院校的概念及主要特征，厘清与之相关的基本理论问题，为政策文本提供规范表述方式，也为职教混改指明改革方向。

②职业教育混合所有制改革政策的现状研究。本课题按照政策"位阶"，从总政策、基本政策、具体政策三个层面，对职教混改的相关政策进行系统梳理，深入挖掘现有政策对职教混改的"适应性"与"冲突性"，为针对性提出切实可行的解决方案奠定基础。

③职业教育混合所有制改革的关键问题研究。本课题将重点对职教混改实践中遇到的"举办方式、出资方式、产权明晰、办学许可、法人登记、治理体系、人事制度、财政支持、分类管理"等关键问题进行深入研究，为促成职教混改政策对上述问题的解决奠定学理基础。

④职业教育混合所有制改革的政策创新研究。本课题基于政策现状，以及实践中遇到的关键问题的研究，从强化政策工具抓手作用、发挥混改试点探路作用、关键问题研究的攻坚作用等方面推进政策创新，并通过为

---

[①] 张卫星. 课题研究框架图的逻辑结构类型及内涵[J]. 江西教育，2022，1190（15）：8-11.

地方政府提供决策咨询、为实践探索院校提供指导来检验政策创新效度。

（3）重点与难点

这是对课题研究的聚焦点（重点）和难以解决问题（难点）的阐释，应是在充分分析研究子内容的基础上所选择的重点与难点。重点与难点不能脱离具体的研究内容而另外选择，应是研究者认为的研究子内容中的重点与难点。

再如①重点：职业教育混合所有制改革的政策现状研究。对职教混改政策进行梳理，以典型案例方式，重点揭示职教混改的制约因素，可为推进职教混改政策创新奠定基础。因此，将其作为研究重点。

②难点：职业教育混合所有制改革的政策创新研究。对职教混改实践中"举办方式、出资方式、产权明晰、办学许可、法人登记、治理体系"等关键问题进行研究，并为上述问题解决提供建设性意见，是课题的归宿。因此，将其作为研究难点。

（4）主要目标

研究主要目标应简明、合理、有效，有一定的学术视野、理论厚度，有较佳的切入口，是本课题应该实现且能实现的既定目标。研究目标应该符合以下五个条件：①具体的；②可以量化的；③能够实现的；④注重结果的；⑤有时间限制。表述可以综合也可以条理化。

如：

"需求导向的学前教育专业人才培养模式研究"课题研究目标

理论上：厘清需求导向型与供给导向型两种不同的人才培养模式，建立科学、可行的教育强国背景下学前教育专业人才培养的体系框架。

实践上：研制出急需的、适切的、能高度整合差距的、满足学前教育发展需求的需求导向型的人才培养模式，包括人才培养目标定位、办学条件标准和培养形式与途径，并探索能满足教育部门需要的实施策略。

政策上：从定性与定量的角度分析二孩政策与幼师严重不足背景下学前教育专业人才培养质量的经费投入。

2. 思路方法

思路方法包括研究的基本思路、具体研究方法、研究计划等方面。在研究思路、研究方法、技术路线等方面，课题申报者必须实事求是地估计和评判自身的研究能力，充分发挥自身及所在地区、单位的优势和特色，恰当地提出研究思路和实施步骤，使研究方法和技术路线具有可信性、可行性。

（1）基本思路

设计研究思路就是把要研究的问题进行分解。在陈述的过程中，可以从以下几个方面入手："问题"可以分解为几个子课题或分解为几个小问题；分几个步骤来进行研究；按照什么样的逻辑结构来展开，先研究什么，后研究什么；根据研究内容的需要选择什么样的研究方法，先用什么方法，后用什么方法；最终将得出什么样的结论；结论会转化为什么样的成果。这些基本的逻辑进程要描述清楚。不少申报者在填写研究思路的时候常常由于不会提炼，导致研究思路与研究目标重复。

如"高职学生职业能力标准与测评研究"课题研究思路

本课题从高职学生职业能力标准的内涵入手，在比较与分析职业能力开发方法与模式的基础上，对高等职业教育和普通高等教育两种学生能力观和能力标准进行区分。然后以技术知识论、人才结构理论和心理学理论等为依据，探讨开发高职学生职业能力标准的理论基础。在此基础上，运用功能分析法和实证研究法，得出高职学生职业能力标准逻辑体系的基本框架，并对职业能力的测评进行分析，最后运用职业能力标准及其测评理论进行案例研究。

（2）研究方法

研究方法是为了实现研究目的所采用的手段、方式和工具的总称。研究方法主要有调查研究法、文献研究法、案例研究法、行动研究法等。课题研究方法不能只阐述某一具体方法本身的概念，主要是与课题研究的具体内容结合起来阐述。

（3）研究计划

研究计划是对整个教育科学研究过程进行的全面规划和统筹安排。其目的在于阐明研究什么、为什么研究、如何研究和预计取得哪些成效等问题。研究计划的质量直接影响着研究目标的实现，决定着研究结果的效度（正确性、真实性）和信度（可靠性、稳定性）。在研究设计中，应明确规定所要研究的问题及其范围、要采用的研究方法、研究对象的抽样、时间进度等。随着研究工作的开展，也许会发现原研究计划中存在某些不符合当前实际的情况，这就需要对原定计划进行适当调整。因此，在研究过程中我们一方面要尽量尊重原定计划，使研究工作能按部就班地进行，另一方面也不能完全受原计划的限制，要从实际出发，实事求是地去开展工作，把计划性和灵活性有机地结合起来。

3. 创新之处

创新之处即在学术思想、学术观点、研究方法等方面的特色和创新。创新之处是指本研究解决了什么问题，所持的思路和观点是否首次提出，达到怎样的创新程度。创新的写作不能抽象，要使人清楚看出在哪方面进行了创新，为此：一要突出源头创新，即本研究是有意义价值但没有人做过的研究，但要注意不要将"创新"扩大化，创新不是空中楼阁，不是要标新立异；二要提出申请人的研究特色与新颖的学术思想；三要突出研究手段创新、学科交叉研究创新；四要突出对经济与社会发展的应用价值[1]。申报者在填写创新点的时候，要注意避免由于受自身视野窄、见识少的局限，不是创新也自我理解为"创新"。

4. 预期成果

课题预期成果指的是在开始研究课题之前预想的成果，是课题申报书中的重要内容之一，也是评审专家考量课题研究价值的基本依据，必须包含一份研究报告。不同的研究课题，所撰写的课题预期成果是不同的，既要求课题申报人依据研究课题的实际情况来写，也要求课题申报人对研究课题有清晰的思路和成果预判。课题预期成果的表现形式通常是逐项列出成果名称和载体形式，课题预期成果形式一般是专著、译著、学术论文、研究报告等。建议申报时根据研究选题以及课题组成员最有把握完成的成果形式来进行填写。见下表。

---

[1] 孙红，陈雄章. 试论人文社会科学科研课题申报及设计论证[J]. 郑州铁路职业技术学院学报，2009（04）：78.

| 序号 | 成果名称 | 成果形式 |
|---|---|---|
| 1 | 创客教学范式设计 | 系列论文 |
| 2 | "双创"视域下创客教学范式设计研究与实践 | 研究报告 |
| 3 | "双创"视域下创客教学范式设计评价 | 评价标准 |

5. 预期成果使用去向及社会效益

预期成果使用去向和社会效益是指预期成果的实际用处和发挥的社会影响力。

如成果去向：

（1）在相关学术会议上交流，以产生学术和社会影响。

（2）在北大版中文核心期刊上发表学术论文3篇以上，以扩大学术影响。

（3）参加相关院校邀请的专题报告会，或为相关混改院校提供决策咨询，来扩大成果社会影响。

（4）为教育行政部门制定相关政策提供建设性意见。

社会效益：

（1）本课题将为政府部门出台规范职业院校混合所有制办学相关政策提供学理支撑和实践依据。

（2）本课题研究成果上可为教育部、省教育厅出台相关政策提供建设性意见下；可为职业院校混改实践问题解决提供一整套理论思维框架和实践运作策略。

6. 重要参考文献

虽然参考文献的填写相对简单，很多申报者往往不会花精力在参考文献上，但是它的填写也是有一定讲究和技巧的，品质较高的参考文献，能为申报书加分不少。在填写参考文献时，要注意以下问题。

首先，课题申报书中所列举的参考文献，是与课题研究内容密切相关的。只有与课题研究内容相关的参考文献，才能说明本课题的研究设想是研究者在掌握已有研究成果的基础上提出的。

其次，它的来源应该是权威的，是经过历史沉淀或同行评议而被学界公认的那些最为经典的文献，如引用频次较高、发表在权威期刊的学术论文，商务印书馆、中华书局、中国社会科学出版社等权威出版机构出版的专著等。

再次，文献来源应尽可能丰富。一般而言，在我们所列的参考文献之中，既要有中文文献，也要有外文文献；既有历史上沉淀下来的经典文献，也有新近一段时间问世的权威文献；既有专著、译著，也有学术论文。要尽量避免单一的文献来源。

最后，参考文献的形式要规范，且数目得当。一是要把这些文献按专著、译著、中文、外文、论文等不同文献形式进行分类，同一类别的文献放在一起，不能第一条是中文专著，第二条是英文论文，第三条又是中文专著，第四条又变成了外文专著的中译本，像一锅粥一样。二是要注意对这些参考文献做一个排序，每个类别谁在前面、谁在后面，都要精心设计，统一排序标准。如按文献发表时间排序，或按作者名字首字的拼音排序等。三是关于参考文献的数目问题，不宜过多或者过少。一般意义上的参考文献数目控制在10~15条之间为宜，太多了显得庞杂混乱，太少了又不足以支撑选题。

## 四、研究基础

### （一）学术简历

学术简历顾名思义是为学者的履历书，是课题主持人的教育和学术经历的大纲，即阐述课题主持人主要学术经历、学术兼职等。

如×××学院教育研究所所长，教授，湖南省芙蓉教学名师，湖南省哲学社会科学成果评审专家，湖南省教育科学"十四五"规划课题咨询评审专家，《当代教育论坛》《河北师范大学学报》外审专家。先后主持省部级以上课题13项，在《教育发展研究》《黑龙江高教研究》《河北师范大学学报》《中国职业技术教育》《职业技术教育》《职教论坛》《湖南社会科学》《中国教育报》等发表论文140多篇。其中，CSSCI和中文核心期刊50多篇；人大复印全文转载12篇。出版专著2本，主编著作4本。获省部级以上成果奖励9项。主要研究方向职业教育混合所有制改革。

## （二）学术积累

主持人取得的教育科学以及其他人文社会科学最高级别研究成果，每类限填5项。

| 独著或合著（排名前3位）的著作、论文、咨询报告、批示转载等成果名称 | 独著/合著 | 成果形式 | 发表刊物、出版单位、批示人 | 取得成果时间 |
|---|---|---|---|---|
|  |  |  |  |  |
|  |  |  |  |  |
|  |  |  |  |  |
|  |  |  |  |  |

| 主持或参与（排名前5位）的课题名称 | 主持/参与 | 课题类别 | 批准时间 | 批准单位 | 是否结题 |
|---|---|---|---|---|---|
|  |  |  |  |  |  |
|  |  |  |  |  |  |
|  |  |  |  |  |  |
|  |  |  |  |  |  |

| 个人或集体（排名前5位）获奖成果名称 | 个人/集体 | 成果类型 | 批准时间 | 批准单位 | 获奖等级 |
|---|---|---|---|---|---|
|  |  |  |  |  |  |
|  |  |  |  |  |  |
|  |  |  |  |  |  |
|  |  |  |  |  |  |

| 排名前5位的其他成果（成果名称及佐证信息） |
|---|
|  |
|  |
|  |
|  |
|  |

### (三)条件保障

主要是完成本课题研究的时间保证、资料设备、经费支持等科研条件。

如本课题的选题及其具体研究内容,是经过了课题组成员多次讨论以及综合全面的文献分析之后拟定的,课题主持人及其成员一致认为本课题值得研究,并相信能取得预期的研究成果;在组织支持上,课题承担人所在单位非常支持,并表示提供充分的研究时间和尽可能多的物资保障;在时间上,由于课题承担人没有主持或参与其他同类课题研究,这就保证了足够的研究时间;在经费保障上,在获得经费资助的同时,本单位也可以提供一定额度的配套科研经费,完全可以保证本课题的顺利完成;在资料上,课题承担人是国内一所"双一流"师范大学的教育学教授,有丰富的图书资料、有国际联机检索资料的设备、有较好的科研氛围,所在单位能提供较为充分的资料储备,能保证本课题研究的顺利完成。

## 五、课题主持人所在单位意见

课题负责人所在单位意见对评审专家而言具有重要的参考价值,因此,课题负责人所在单位意见应尽可能详细,具有说服力。一般而言,课题负责人所在单位可就申请书所填写的内容是否属实、该课题负责人和参加者的政治业务素质是否适合承担本课题的研究工作、本单位能否提供完成本课题所需的时间和条件、本单位是否同意承担本课题的管理任务和信誉保证等方面签署意见,见下表。

| 申请书所填写的内容是否属实；该课题负责人的政治业务素质是否适合承担本课题的研究工作；本单位能否提供完成本课题所需的时间和条件；本单位是否同意承担本课题的管理任务和信誉保证。 |
| --- |
| <br><br><br><br><br><br><br><br><br><br><br><br><br><br>　　　　单位科研管理部门公章　　　　　　　单位公章<br>　　　　　　年　月　日　　　　　　　　　单位负责人签名：<br>　　　　　　　　　　　　　　　　　　　　　　年　月　日<br><br> |

附：课题设计论证书案例

申报编号：略

# 湖南省教育科学规划课题
# 立项申请·评审书

**课题类别**　　湖南省教育科学"十四五"规划2022年度课题

**服务方向**　　C03实践应用

**学科分类**　　基础教育研究

**课题名称**　　高中思想政治课教学中红色影视资源的运用研究

**课题主持人**　　　　　　　略

**工作单位**　　　　　　　略

**填报日期**　　　　　　　略

湖南省教育科学规划领导小组办公室
2019年修订

## 一、课题数据表

| 课题名称 | 高中思想政治课教学中红色影视资源的运用研究 |||||||
|---|---|---|---|---|---|---|---|
| 关键词 | 红色影视资源 高中思想政治课 教学运用 |||||||
| 课题类别 | ND | 湖南省教育科学"十四五"规划2022年度课题 |||| 依据指南题号 | |
| 资助类别 | A02 | 省级重点资助 | 学科分类 | B04 | 基础教育研究 | 服务方向 | C03实践应用 |
| 主持人姓名 | 略 | 性别 | 略 | 略 | 民族 | 略 | 身份证号 | 略 |
| 行政职务 | 略 | 略 | 专业职务 | 略 || 略 | 研究专长 | 思想政治教育 |
| 最后学历 | 略 | 略 | 最后学位 | 略 || 略 | 担任导师 | 略 | 略 |
| 所属系统 | 略 | 略 |||| 电子邮箱 | 略 |
| 工作单位 | 略 |||||| 单位编码 | 略 |
| 通信地址 | 略 |||||| 手机号码 | 略 |
| 申请资助经费（单位：万元） | 略 |||||| 预计完成时间 | 略 |

## 二、课题选题

### （一）问题的提出

2021年，习近平总书记在党史学习教育动员大会上强调："要抓好青少年学习教育，着力讲好党的故事、革命的故事、英雄的故事，厚植爱党、爱国、爱社会主义的情感，让红色基因、革命薪火代代传承。"这为红色影视资源融入高中思想政治教育课堂提供了根本遵循。高中生作为青少年的一支重要力量，正处于人生的"拔节孕穗期"，最需要用红色影视资源精心引导和栽培。但纵观红色影视资源融入高中思想政治教育课堂教学的情况，尚存在融入不多、融入不深、融入不佳等问题。近年来，《长津湖》《觉醒年代》等多部红色影视作品接力热播,有效激发了广大青少年的爱国情怀。因此,在新的历史方位上,深入研究将红色影视资源高质量运用到高中思想政治课教学中这一课题,对于引导高中生传承红色基因、厚植爱国情怀,提升高中思想政治教育效果等具有十分重要的理论和实践意义。

**(二)国内外相关研究的学术史梳理**

国内学界对"红色影视资源"这一主题的研究成果不多,知网期刊论文仅12篇,硕士学位论文仅5篇。现有研究成果的主要观点可归纳为以下三个方面:

1. 关于红色影视资源概念的研究。覃英认为红色影视资源概念有广义和狭义之分,广义的红色影视是指反映世界范围内共产主义运动相关内容的影视作品,狭义的红色影视是指以新民主主义革命相关内容为题材的影视作品;黄春有认为这一概念无广义和狭义之分,他认为红色影视资源是指以电影及电视节目形态,反映中国人民革命、建设历史,体现革命精神和优秀革命传统的影视艺术资源。

2. 关于红色影视资源教育教学价值的研究。赵安民、张瑞云探讨了红色影视资源对大学生社会主义核心价值观教育的价值,认为其能使大学生受到思想陶冶,树立正确的人生观和价值观;魏顺霞认为红色影视资源是建构大学生思想政治教育的有效载体,能丰富大学生思想政治教育的内容;王鑫强提出红色影视资源具有培育大学生生命意义的价值,激励大学生追寻与反思人生意义;徐美英认为红色影视资源能丰富教学内容、拓展教学方法、保证教学方向。

3. 关于影视资源在学科教学中的运用情况研究。学界关于影视资源在学科教学中的运用研究主要是集中在历史和政治两门学科上。姜涛、翁娇娇、赵琳等对历史影视资源在历史学科教学中的运用进行了研究,阐释了运用的必要性、基本原则、主要策略与应用效果等问题;田兰香、郭鑫、张楠楠等对红色影视资源在政治学科教学中的运用情况进行了研究,提出要寻找红色影视资料与思想政治课的共性,运用价值引领策略、差异性策略、情境化策略和丰富性策略选取红色影视资源,遵循意识形态导向原则、人格教育原则和历史性原则运用红色影视资源。

纵观国内关于红色影视资源的研究情况，研究成果总体偏少，研究内容不够深入，研究方法比较单一。特别是关于高中思想政治课教学中红色影视资源的运用研究尚未形成成熟的理论研究框架。因此，须坚持学理导向、问题导向与多元导向，将理论研究与实证研究相结合，以期能切实提高红色影视资源在高中思想政治课教学中运用的成效，真正发挥高中思想政治课传承红色基因的主渠道主阵地作用。

国外并没有关于红色影视资源作为教学资源的相关研究。但是不少国家很早就开始尝试将影视资源运用于教学中。如日本很重视使用影视节目进行历史教学，据统计，日本广播协会的电视节目在中学课堂教学中的利用率近50%；澳大利亚在《历史教学指导纲要》中提出教师要熟悉电影技术和语法术语；英国国王学院推出了一本用于中学电影教育的手册 *School Film Appreciation*。可见，将影视资源作为一种教学资源纳入常规课堂教学过程中是国外学者及教育部门的共识。

（三）本课题相对已有研究的独到学术价值和应用价值

学术价值：本课题以红色影视资源的内涵界定为着力点，深入阐释了红色影视资源对高中思想政治课教学的价值意蕴，并通过实证调研分析了高中思想政治课教学中红色影视资源的运用现状，以此为据提出有效的实践策略，为将红色影视资源高质量融入高中思想政治课教学提供了学理支撑。

应用价值：本研究有利于提高教师开发利用课程资源能力，提升高中思想政治课教学的感染力与吸引力，亦有利于提升高中思想政治教育实效性，帮助高中生形成正确的国家认同、厚植深厚的家国情怀。

## 三、课题论证

（一）研究内容

1. 概念界定

红色影视资源是指以电影、电视剧、纪录片、专题片、戏曲等艺术形式展现爱国进步人士建国、强国和富国探索过程的影视资源，是能反映不同时期的民族精神和革命精神，激发人们的爱国热情，催人奋发图强、积极上进的具有红色正能量的影视作品。

2. 总体框架

（1）高中思想政治课教学中红色影视资源运用的基本理论。一是界定红色影视资源的概念；二是阐释红色影视资源的特征——鲜明的政治性、革命性、时代性、真实性和教育性；三是明确红色影视资源的分类——个人传记型、革命者群像型、典型历史事件型、全景式史诗型。

（2）高中思想政治课教学中红色影视资源运用的价值意蕴。一是红色影视资源具有以形传神的独特优势，有利于提升主流意识形态的凝聚力和引领力；二是红色影视资源具有视听结合的主要特点，有利于增强高中思想政治课堂的吸引力与感染力；三是红色影视资源具有入脑入心的教育效果，有利于强化高中生矢志为国为民的服务力与行动力。

（3）高中思想政治课教学中红色影视资源运用的现状审视。通过问卷调查、深度访谈、课堂观察等方法，审视高中思想政治课教学中红色影视资源运用的现状，从红色影视资源运用的频率多不多、程度深不深、效果好不好三个维度分析存在的问题。

（4）高中思想政治课教学中红色影视资源运用问题的成因探析。透过高中思想政治课教学中红色影视资源运用上存在的主要问题，从课前、课中、课后三个课程教学环节剖析问题成因。

（5）高中思想政治课教学中红色影视资源运用的策略。一是在课前教学设计融入红色影视资源：因材施教选取红色影视资源、因地制宜利用红色影视资源、因生差异整合红色影视资源。二是在课中教学实施展示红色影视资源：展示时机精准恰当、展示形式灵活多样、精神内核讲解到位。三是在课后教学课堂拓展红色影视资源：建立红色影视资源库共享优秀作品、利用网络学习平台传递红色正能量、在校园文化建设中融入红色影视资源。

3. 重点与难点

（1）重点：一是分析高中思想政治课教学中红色影视资源运用的现状及问题成因；二是提出高中思想政治课教学中红色影视资源运用的策略。

（2）难点：实证调研中如何确保调研数据的真实性和客观性，并以此为据提出有效策略是本研究的难点所在。

4. 主要目标

本课题通过实证调研高中思想政治课教学中红色影视资源运用的现状，了解运用中存在的主要问题及其成因，并提出有效的运用策略。

### （二）思路方法

1. 研究的基本思路

本课题研究拟从基本理论问题入手，探讨高中思想政治课教学中红色影视资源运用的价值意蕴，再通过实证调研客观呈现运用现状，找准其存在的主要问题并进行深入剖析，在此基础上提出运用策略。

2. 具体研究方法

（1）文献研究法：通过中国知网、万方电子数据库等查阅和梳理国内外相关文献资料，把握最新研究动态，为本研究奠定理论基础。

（2）调查法：通过问卷调查、访谈、课堂观察的方式，全面了解高中思想政治课教学中红色影视资源运用的现状，并利用SPSS20.0对相关数据进行统计分析，为课题研究提供第一手资料。

3. 研究计划

（1）准备阶段（2022.4—2022.9）

①收集、整理与课题研究相关的中外文献，对已有研究成果进行全面系统的梳理、分类。

②召开课题组会议，确定研究主题，制定具体的研究提纲，明确分工、分配任务。

（2）实施阶段（2022.10—2023.6）

①召开课题开题会议，听取专家意见，修改完善研究框架。

②制定调查问卷、访谈提纲，完成问卷调查、访谈、课堂观察等工作。

③撰写学术论文并投稿发表。

（3）总结提高阶段（2023.7—2024.6）

①召开专题会议，征询相关专家和政府部门领导对研究报告的意见。

②对研究报告进行修改完善。

③提交研究报告终稿，准备结题。

（三）创新之处

1. 学术思想：以高中思想政治课教学为视角，抓住高中思想政治课教学中红色影视资源运用这一学术研究薄弱点，遵循"是什么—为什么—怎么样—怎么办"的逻辑理路，深入分析红色影视资源的内涵、类型，全面阐释红色影视资源融入高中思想政治课教学的价值意蕴，客观呈现融入的现状、问题，并分析其原因，提出有针对性的策略，研究内容具有创新性。

2. 学术观点：本研究对红色影视资源这一概念进行了重新界定，结合实证研究结果，从红色影视资源运用的频率、运用的程度、运用的效果三个维度分析运用上存在的主要问题；在策略研究部分，以课程教学环节为着眼点，提出了在课前、课中、课后三个环节下功夫。

3. 研究方法：本研究将理论研究与实证研究相结合，多学科透视高中思想政治课教学中红色影视资源的运用，以更加全面、准确地剖析问题及其成因，有针对性地提出运用策略。

（四）预期成果

| 序号 | 成果名称 | 成果形式 |
| --- | --- | --- |
| 1 | 高中思想政治课教学中红色影视资源运用研究报告 | 研究报告 |
| 2 | 高中思想政治课教学中红色影视资源运用的价值意蕴 | 论文 |
| 3 | 高中思想政治课教学中红色影视资源运用的现状及成因分析 | 论文 |
| 4 | 高中思想政治课教学中红色影视资源运用的实践路向 | 论文 |

（五）预期成果使用去向及社会效益

一是为高中思政课教师将红色影视资源有效融入思想政治课教学提供理论指导，为高中铸牢学生的理想信念、厚植学生的家国情怀提供实践指引。

二是公开发表学术论文，为之后学者们深化相关研究提供理论参考。

三是提交研究报告至相关部门，为其制定决策提供依据。

（六）重要参考文献（开展本课题研究的主要中外参考文献）

［1］马克思恩格斯选集（第1卷）［M］．北京：人民出版社，2012．

［2］习近平．习近平谈治国理政［M］．北京：外文出版社，2017、2018年版．

［3］陈万柏，张耀灿．思想政治教育学原理［M］．北京：高等教育

出版社，2007.

[4]周利生，汤舒俊.红色资源与高校思想政治教育[M].北京：九州出版社，2018.

[5]李霞.红色资源与思想政治教育[M].北京：人民出版社，2015.

[6]吴刚平等.课程资源论[M].北京：北京师范大学出版社，2014

[7]高青兰，张建文，郑瑜.中学思想政治课教学论[M].北京：人民出版社，2013.

[8]陈华洲.思想政治教育资源论[M].北京：中国社会科学出版，2008.

[9]张卫平.教学媒体概论[M].昆明：云南大学出版社，2005.

[10] Heater Derek. The History of Citizenship Education in England [J]. Curriculum Journal，2001，12（1）：103-123.

## 四、研究基础

（一）学术简历（主持人主要学术经历、学术兼职）

×××，中共党员，博士，教授，×××大学；湖南省芙蓉百岗明星。曾主持国家社科基金项目、教育部人文社科重点项目、湖南省社科基金项目等10余项。在《马克思主义与现实》《清华大学教育研究》等期刊上发表学术论文60余篇，其中2篇被《新华文摘》论点摘编、2篇被人大复印资料《思想政治教育》全文转载、1篇被《高校文摘学报》全文转载、1篇被《红旗文稿》论点摘编、3篇被人大复印资料《教育学》《高等教育学》等论点摘编、3篇被国务院发展研究中心信息网全文转载；在中国社会科学出版社等出版著作《困境与超越——高校女教师发展的社会性别审思》《新时代独立学院思想政治理论课建设研究》等3部。获湖南省优秀社科成果三等奖、湖南省高等教学成果奖三等奖、湖南省教育科学研究成果三等奖，荣获全国第六届高等教育学优秀博士论文提名奖、全国教育专业硕士优秀教师、湖南省优秀硕士生导师、优秀党员等荣誉。

**（二）学术积累**

| 独著或合著（排名前3位）的著作、论文、咨询报告、批示转载等成果名称 | 独著/合著 | 成果形式 | 发表刊物、出版单位、批示文 | 取得成果时间 |
|---|---|---|---|---|
| 困境与超越：高校女教师发展的社会性别审视 | 独著 | 专著 | 中国社会科学出版社 | 2015.12 |
| 烛照之思——当代中国高校女教师发展研究 | 独著 | 专著 | 兰州大学出版社 | 2009.06 |
| 新时代独立学院思想政治理论课建设研究 | 合著 | 专著 | 湖南师范大学出版社 | 2021.09 |
| 美国网络思想政治教育的"五育"与"三性" | 独著 | 论文 | 当代世界与社会主义 | 2011.10 |
| 高度重视化解我省独立学院转设过程中的五类风险 | 合著 | 咨询报告 | 《决策参考·湖南智库成果要报》，获朱忠明副省长肯定性批示 | 2021.01 |
| 主持或参与（排名前5位）的课题名称 | 主持/参与 | 课题类别 | 批准时间 | 批准单位 | 是否结题 |
| 社会性别视角下的高校女教师发展研究 | 主持 | 国家社科课题 | 2010.10 | 全国教育科学规划办 | 是 |
| 独立学院思想政治理论课建设研究 | 主持 | 教育部重点课题 | 2017.07 | 教育部社会科学司 | 是 |
| 新时代大学生红色文化认同现状及教育对策研究 | 主持 | 湖南省社会科学规划课题 | 2021.02 | 湖南省社科规划办 | 否 |
| 思想政治理论课教学互动的现状调查与对策研究 | 主持 | 湖南省社会科学规划课题 | 2011.06 | 湖南省社科规划办 | 是 |
| 高校"行走的思政课"协同宣讲模式构建与实践 | 主持 | 湖南省教改项目 | 2020.06 | 湖南省教育厅 | 否 |
| 个人或集体（排名前5位）获奖成果名称 | 个人/集体 | 成果类型 | 批准时间 | 批准单位 | 获奖等级 |
| 大学生诚信品格的现状、问题及对策研究 | 个人 | 湘潭市优秀社会科学成果奖 | 2005.10 | 湘潭市社会科学成果评审委员会 | 三等奖 |

| 独著或合著（排名前3位）的著作、论文、咨询报告、批示转载等成果名称 | 独著/合著 | 成果形式 | 发表刊物、出版单位、批示文 | 取得成果时间 |
|---|---|---|---|---|
| 人力资源管理伦理研究 | 集体 | 湖南省哲学优秀成果奖 | 2008.08 | 湖南省社会科学院 | 三等奖 |
| 社会性别视角下的高校女教师发展研究 | 个人 | 全国第六届高等教育学优秀博士论文提名奖 | 2010.10 | 中国高等教育学会 | 优秀论文 |
| 独立学院"四线四工程"立德树人模式的探索与实践 | 集体 | 湖南省第十二届高等教育教学成果奖 | 2019.09 | 湖南省教育厅 | 三等奖 |
| 高校女教师发展研究 | 个人 | 第四届湖南省教育科学研究成果奖 | 2019.09 | 湖南省教育厅 | 三等奖 |

| 排名前5位的其他成果（成果名称及佐证信息） |
|---|
| 《谁来关注高等教育微观领域研究》，被《新华文摘》2008年第6期摘录、人大复印资料《高等教育》2008年第4期索引。 |
| 《师德教育：化师道为德行》，被人大复印资料《思想政治教育学》2005年第5期全文转载。 |
| 《论当前我国高教研究的"三重三轻"》，被《高等学校文科学术文摘》2008年第5期、中国国务院研究网全文转载。 |
| 《全媒体语境下主流意识形态话语权的审视与建构》载《湖南科技大学学报》（CSSCI2021年第24期）。 |
| 《高校教师发展：全纳女性的概念及议题》载《湖南科技大学学报》（CSSCI2015年第11期，被国务院发展研究中心信息网全文转载，被引7次。 |

**（三）条件保障**

1. 时间和经费保证：课题负责人现为学校重要科研岗位教师，有大量的时间用于科研工作，且有较扎实的研究功底和较强的组织协调能力。课题组成员人均每年有4个月的时间从事科学研究。同时，学校按1∶1比例下拨研究配套经费，给本课题研究的开展提供了经费支持。

2. 资料设备保证：课题组成员所在单位资料配备齐全，学校图书馆藏书200万余册，同时也拥有丰富的电子资源。另外，学校还拥有大面积的微机室，每人配备有微型计算机，并备有多种大型社科统计软件，检索资料极为方便。

# 第六章 教育科研课题的开题

## 第一节 开题论证的价值与方式

在课题批准立项后，启动实质性研究前，召开开题会，邀请同行专家与课题组成员，借助集体智慧和专家学识，对课题研究整体构思和实施方案进行可行性再论证，进一步优化、细化课题研究实施措施，明确研究任务，落实研究成果和成员分工，安排研究进度，保障"人、财、物"落实。通过开题论证，进一步厘清思路，聚焦问题，布置行动。这一活动过程称为课题开题论证。

### 一、开题论证的价值

课题开题是课题研究的重要组成部分，是一个非常重要的环节。这一环节的好坏，关系到课题研究能否顺利进行，关系到课题研究质量，关系到整个课题研究的成败。开题论证就像新建一座大楼的论证。你设计的这个课题，是教学楼，还是学生宿舍；是高层建筑，还是小洋房；是框架结构，还是砖混结构。你设计的基础、结构符不符合要求，你设计的形象图符不符合大楼的外形外貌要求，你预算的材料规格、标准、大小、多少，是不是和你设计的数据有差距，你的基建设备、劳工调配、经费预算行不行；等等，都要进行论证，并通过论证调整修改设计实施方案。做课题，做教育科研，也是如此。研究方案好比施工图，课题组成员就是施工员，施工员一般是照"图"施工，主管部门在结题鉴定时会按预先设计的"施工图"验收。课题研究的开头好不好，关键在于是否有科学的研究方案，而一个好的开题，就是对研究过程做具体周密的安排，落实研究细节。教育科研课题在大的思路决定了以后，开题就是"细节决定成败"。用科学态度做好课题开题工作，至少有以下两点价值：

### （一）进一步完善课题研究方案和实施计划

开题可以进一步完善研究方案和实施计划，使我们的研究更科学、更贴近实际，有利于保质量、出精品。在开题论证会上，课题主持人要向与会专家和课题组成员详细报告课题设计、研究方案、实施计划等课题有关情况，需要进一步学习相关文献，再次认识和思考所要研究的问题，深入了解它的背景，找出支撑的理论，明确研究目标和内容，论证课题研究具体做法的可行性。同时，通过开题讨论，听取每个课题组成员对课题研究的意见，可以进一步理顺思路、统一做法、明确要求。因此，开题本身就是一次研究性学习。而且，对于那些选题好，但由于准备匆忙、论证不足、设计不科学的课题，开题论证也是一次极好的完善设计、学习提高的机会，可以得到同行专家的精心指导。开题论证会上，同行专家并不只是就课题做结论，而是要提出具体的课题方案和实施计划的修改意见，对研究目标的长度、宽度、深度的调整，对研究任务的分解和子课题的分工，对研究活动的安排等方面进行具体指导，甚至提供案例与研究背景等材料，在研究方向、研究方式、研究方略上确保"研究有方"。

### （二）有利于克服以往开题存在的问题

以往的课题开题，主要存在以下问题：

一是开题不按要求，准备不充分。有的主持人自己思路不清、目标不明，究竟研究什么问题，解决什么问题，如何去研究这些问题，主持人自己并不清楚。个别学校领导做课题，由于工作忙，就有这个现象。有的开题前成员不通气，更谈不上研究；有的开题报告内容不全、缺这缺那；有的开题报告没有学术性，像日常工作安排，不能揭示新规律，提出新见解；有的干脆就不开题，没有研究方案，没有实施计划，没有人员分工，没有成果要求，"研"到哪里算哪里。

二是开题抓不住主要矛盾，重点不突出。一方面，找不准课题设计存在的主要问题。通常而言，课题存在的问题要么是宏观方面的，如思路不清、概念不明、提升不够；要么是设计方面的，如考虑不周、设计不当；要么是措施方面的，如力量不够、措施不力、华而不实。另一方面，重点内容不突出，如子课题内容看不明白，研究任务没有分解，人员分工不具体，阶段性成果、最终成果不落实等；有的甚至是完全剪贴课题申报书的内容。

三是一次集中开题的课题太多、太集中，有点走形式。一上午开题六七个，有的只有主持人参加，开题后课题组成员仍然是"雾里看花"，思路不清楚，任务不落实。课题主持人陈述时间有限，专家组点评时间不多，课题组成员不知道究竟研究什么问题、解决什么问题、如何去研究这些问题。课题开题有形式、造声势不是坏事，但任务一定要落实。开题只有形式、没有内容、太功利性，容易造成为科研而科研，形成浮躁的科研风气，不是好事。

开题工作不落实，将会导致一系列问题。轻者走弯路，拖延结题时间，不能按期结题；重者调整研究目标、删减研究内容甚至改变研究方向，结题时没有完成研究任务；有的甚至不能结题鉴定。

所以，课题开题论证不仅是一种形式，而是一项实质性的研究工作。只有明确开题的目的意义，了解省级规划课题开题要求，抓住要解决的主要矛盾，科学地把开题工作做好，才能提高我们的研究质量。它不仅能使课题组成员开阔思维、扩大眼界，进一步完善课题研究方案和实施计划，而且能对端正研究态度与学术作风产生积极的作用。因此，要充分认识课题开题论证的意义，切实加强对课题开题论证的指导。

## 二、开题论证的方式

开题论证的基本方式主要有以下三种：

（一）专家指导

这一方法是课题主持人将课题实施方案（或开题报告）提前送交有关专家和课题组成员审读，并在全体课题组成员参加的开题会上，将课题实施方案的具体内容向专家和课题组成员一一介绍，专家咨询后提出意见和修改建议,有针对性地给予指导。通过专家指导和大家讨论,课题组成员进一步明确研究思路、具体做法,既知道该课题研究主要解决什么问题,又明白怎么去研究,自己该做什么,什么时候出什么研究的成果较好。这一方法的开题会,一定要请本单位领导参加,主持人要敢于和善于提出研究的困难和问题,课题主管单位领导将和单位领导协商解决具体困难。有条件的学校可以把开题会变成科研培训,邀请其他希望做课题的人参加会议,使他们在开题论证中提高科研水平。

### (二)自我论证

这一方法主要是课题主持人自己非常有把握能做好,不需要请专家指导,他们或曾主持省级课题,或有丰富的研究经验,可以"自我论证"。开题会上,主持人认真介绍课题研究的内容、做法,课题组成员充分酝酿讨论,达成一致意见,各成员对自己的任务很明确即可,开题的重点放在成员的分工上。

### (三)会议交流

部分市州和学校,将本地或本校立项的几个课题一并开题,有也请专家指导。通过开题,各课题组成员之间既交流课题研究的经验,又节约开题的开支。但需要引起注意的是:两三个准备充分的课题同时开题,应该是可以的;如果课题太多,效果就会很不理想,容易流于形式。因为由于时间紧,课题主持人的报告时间受到限制,成员讨论不充分,专家点评不到位,任务就很难落实。所以,开题论证会不提倡太多课题同时论证。若多个课题同时论证,那就一定要延长会议时间,会后课题组再根据专家意见讨论落实。

也有一些单位先邀请有关专家给该单位课题研究的相关人员讲课,就课题的开题论证、研究方法等问题进行专题讲座再开题,这样,既可以提高全体参研教师的研究水平,又能落实研究任务。

重点资助课题的开题论证,原则上各课题组都要事先报告科研主管部门,一般课题开题论证由单位科研主管部门和主持人商定。但不管是什么课题,都必须进行开题论证,并将开题论证书报省科研主管部门存档备案。

值得注意的是,课题开题论证报告不是课题申请书的翻版。很多课题负责人在开题时呈现给大家的开题论证书,与开题申报书基本雷同,这显然是不对的。课题从批准立项,到开题,一般有三个月以上的时间。在这三个月中,一方面,课题组会做相关的课题研究;另一方面,课题组对研究的思路会更加清晰。总的来说,与申报书相比,课题开题报告应具有以下几个方面的特点:一是研究思路更加清晰,研究内容更加合理,且研究内容的人员分工要到位。二是研究方法更加具体和明确。比方说课题如果采用了调查研究法,在申报书中可能只是粗略地说明调查的对象,但开题时则应该具体到调查总体、调查样本、调查的具体方式等,甚至调查问卷和访谈提纲的初稿都可以提供给大家。三是要说明开题立项后课题组做了哪些工作,取得了哪些研究成果。

## 第二节 开题报告的撰写

### 一、开题报告撰写的重点

#### (一)实施方案的"长、宽、高"论证

论证的重点是在有限的时间内,将研究时间、研究范围、研究水平精心限制在允许、力所能及的范围,应达到的水平内。否则,就容易出现研究时间过长、研究范围过宽、研究水平的期望值过高的情形,课题研究不能"量力而行"。

#### (二)实施内容能否达到要求的论证

做到"五要五不要":一要紧扣课题研究目标,不要让课题研究内容偏离课题研究目标;二要把每项研究内容表述明白,不要含糊其辞或模棱两可;三要注重研究内容的整体完备性,不要出现重大缺漏;四要保证每项研究内容的相对独立性,不要产生近似甚至雷同的现象;五要调控每项研究内容的难易程度,不要让各子课题的任务难易悬殊。在这个前提下,研究内容的确定要有所为、有所不为、有所先为、有所后为。不偏离研究方向,量力而行,不做无效研究。

### （三）实施步骤能否落实的论证

做到"三防""三落实"。"三防"是一防"超载"，每一步的任务量不能超过课题组成员力所能及的工作量；二防"撞车"，每一步重大活动安排要与当地教育行政部门、学校的重大活动安排不相矛盾；三防"误点"，课题设计有自己的时间规定，什么时间开题，什么时候要完成什么任务，什么时间结题，每个课题组都要增强时间观念，保证"正点运行"。"三落实"就是把人员、经费、任务落实好。

## 二、开题报告撰写的难点

### （一）标题准确

在不改变研究方向、不改变原意、不改变必需内容的前提下，课题名称可以修改。如，将"乡村振兴视域下职业人才培养问题研究与实践"修改成"乡村振兴视域下职业人才对口培养问题研究与实践"，加上"对口"更加突出主题。

### （二）界定清晰

即本课题研究的范围、对象、内容等概念清楚，没有歧义。如"乡村振兴视域下职业人才对口培养问题研究与实践"课题中，"职业人才对口培养"是指农村九年制义务教育学校对口高职院校，为高职院校培养和输送初中毕业生。"对口培养问题研究与实践"包括对口职业院校人才需求状况、对口培养策略研究以及对口培养的实践。课题以×××县×××乡九年制义务教育学校八九年级为个案。

### （三）综述到位

开题论证的"研究综述"和申报书的"研究述评"有所区别，不能"剪贴"，应该"综合表述"：（1）应该是最新的若干篇同类文献的综合表述；（2）综合表述的内容应该说明，这个问题前人研究的国内外现状、最新进展，有哪些可以借鉴的成功经验，还有哪些不足；（3）不足之处恰恰是本课题要研究解决的主题。

## （四）目标明确

研究目标应简明、合理、有效，有一定的学术视野、厚度，有较佳的切入口，是本课题应该实现且能实现的既定目标。一个有效的目标，应该符合"SMART原则"，即以下五个条件：（1）具体的（Specific）。（2）可以量化的（Measurable）。（3）能够实现的（Achievable）。（4）注重结果的（Result-oriented）。（5）有时间限制（Time-limited）。如"乡村振兴视域下职业人才对口培养问题研究与实践"课题的研究目标：本课题以已有的乡村振兴视域下职业教育人才培养相关研究成果为指导，调查对口培养高职院校人才需求素质和能力，研究和实践九年制义务教育八九年级教育教学改革，力争三年内为高职院校培养和输送合格人才，促进九年制义务教育改革和发展。

## （五）内容具体

研究内容表述准确有几个明显的标志：（1）研究内容就是本课题要解决的具体问题（或子课题，但不等于研究目标，表述有条理且有观点）。（2）紧扣主题、具体明确、整体完备、难易适度、相对独立。（3）表述简练，"提出问题，点到为止"，无须详尽介绍，不做评价，不写过程和结果。（4）分类科学。如"乡村振兴视域下职业人才对口培养问题研究与实践"课题的研究内容：①乡村振兴视域下职业教育人才对口培养高职院校人才需求研究。包括对口高职院校人才规格、职业道德、专业知识、专业能力等需求。②乡村振兴视域下职业教育人才对口培养问题策略研究。包括对口培养人才分流培养策略、对口课程设置策略、教学计划调整策略、教育教学方式改革策略、教育教学评价策略、师资培训提升策略等。③乡村振兴视域下职业教育人才对口培养问题行动实践研究。以永顺县毛坝乡九年制学校八九年级为个案，用课题研究策略指导该校实践，并在实践中检验、完善研究成果，调整改革行动实践。

## （六）方法科学

运用教育科学研究的方法去研究教育问题，要明确告知读者，用什么方法研究解决什么问题，不同的课题用什么研究方法，怎么去研究。要注意科学合理、分类得当、用法匹配。

### （七）成果对应

无论是阶段性成果还是最终成果，都必须注意：（1）必须与课题内容密切相关，题目最好以相对应的研究内容命题。将来结题时，系列论文的结论就是研究报告"结论与分析"的重要依据。（2）必须符合《结题细则》的有关规定，研究过程的证明材料不是成果。（3）公开发表和参与评奖的成果一定要标明课题批准号、课题名称、课题单位、成员作者姓名。如"乡村振兴视域下职业人才对口培养问题研究与实践"课题的预期成果。

——阶段性成果：①乡村振兴视域下对口高职院校人才需求研查（调查报告）。②乡村振兴视域下职业教育人才培养面临的机遇与挑战（论文）。③乡村振兴视域下职业教育人才对口培养问题策略研究（论文）。④永顺县毛坝乡九年制学校八九年级职业人才对口培养（应用成果）。

——最终成果：①乡村振兴视域下职业教育人才对口培养问题研究与实践（研究报告）。②乡村振兴视域下职业教育人才对口培养问题策略研究（系列论文）。③永顺县毛坝乡九年制学校八九年级职业教育人才对口培养评价（评价指标）。

### （八）分工明确

重大的、涉及全局的课题研究，应充分发挥课题研究团队的作用。课题组可分为两大块：一块为课题成果（或理论）研究组，专司课题成果（或理论研究），按《开题论证书》实施方案确定的子课题（或子内容）分工，实行子课题负责制，从文献研究、方案制订、结果整理、结论分析、论文撰写到成果公开发表或参与评奖、中期自查与"补火"，实行"成果包干负责制"；另一块为实践、验证、推广组，专司行动研究、成果验证、试行推广课题研究成果等。

### （九）步骤落实

研究步骤不仅是课题内部管理的步骤，而且是按研究内容如何一步一步实施研究的步骤。研究实施步骤和措施是将来结题的"研究报告"中的"研究过程"的雏形。如"乡村振兴视域下职业人才对口培养问题研究与实践"课题的步骤落实如下：

第一步：采用文献研究法、经验总结法，了解前人对乡村振兴视域下职业教育人才对口培养这一问题研究的现状,总结可借鉴的成功经验。在总结前人成功经验的基基础上,制订本课题研究实施方案。第二步:在对口高职院校实地调研,把握对口高职院校人才规格、职业道德、专业知识、专业能力需求情况。第三步:借鉴前人经验,运用多种研究方法,研究乡村振兴视域下职业教育人才对口培养问题的人才分流培养策略、课程设置策略、教学计划调整策略、教育教学方式改革策略、教育教学评价策略、师资培训提升策略等。第四步:在乡村振兴视域下职业教育人才对口培养问题策略指导下,拿出永顺县毛坝乡九年制学校八九年级对口培养行动实施方案。第五步:开展形式多样的职业教育人才对口培养活动,验证、完善毛坝乡九年制学校八九年级职业教育人才对口培养实践。第六步:进行课题总结,得出课题研究结论,撰写课题论文和研究报告,准备结题。

## 第三节　开题论证会的组织

课题主持人要组织课题组成员做好充分的课题开题论证会准备工作,写好开题论证书,做好汇报准备。凡参加课题开题论证的专家和领导,应本着科学、负责的态度,对研究课题进行认真论证和指导。参加开题论证的专家和领导,应尽可能地提前审读课题开题报告或研究方案、实施计划,在充分肯定课题主持人所做工作的基础上,尽可能多地提出可供参考的意见和建议,进一步帮助和指导课题组把握研究重点,明确主攻方向,掌握科学的研究方法,确定预期成果。专家论证指导意见,主要供课题主持人研究时参考,课题组要将专家论证意见如实记录,最终是否采纳,由课题主持人决定。开题论证专家不在多,一定要少而精,且要是同行专家,一般在所在省、市教育科学专家库中遴选;此外,同行专家要敢于讲真话、讲实话,要能发现问题、解决问题,能提出准确的修改意见;尽量就近安排,减轻课题组负担。

开题论证会议的一般程序为:

1. 主持人做开题报告；
2. 课题组成员补充；
3. 同行专家论证指导；
4. 课题组成员讨论；
5. 专家论证或课题组成员讨论后，主持人参考专家和成员意见，调整研究方案（也可另定时间）。

附：开题论证书案例

年度：略

编号：略

# 湖南省教育科学规划课题
# 开题论证书

| 学科分类 | 职业教育 |
| --- | --- |
| 课题资助类别 | 重点资助 |
| 课题批准号 | 略 |
| 课题名称 | 湖南职业院校教学能力竞赛组赛机制优化研究 |
| 课题主持人及联系电话 | 略 |
| 主持人所在单位 | 略 |
| 开题日期 | 略 |
| 开题形式 | 会议开题 |

湖南省教育科学规划领导小组办公室

## 一、开题论证后的数据表（修订数据后由课题主持人填写）

| 课题名称 | 湖南职业院校教学能力竞赛组赛机制优化研究 ||||||
|---|---|---|---|---|---|---|
| 主持人姓名 | 略 | 性别 | 略 | 民族 | 略 | 出生日期 | 略 |
| 行政职务 | 略 | 专业职务 | 略 | 研究专长 | 略 |
| 最后学历 | 略 | 最后学位 | 略 | 担任导师 | 略 |
| 工作单位 | 略 || 电子信箱 | 略 |
| 通信地址 | 略 || 邮政编码 | 略 |
| 联系电话 | 略 |||||

| 课题组主要成员 | 姓名 | 性别 | 年龄 | 职称、职务 | 研究专长 | 工作单位及部门 |
|---|---|---|---|---|---|---|
| | 略 | 略 | 略 | 略 | 略 | 略 |
| | 略 | 略 | 略 | 略 | 略 | 略 |
| | 略 | 略 | 略 | 略 | 略 | 略 |
| | 略 | 略 | 略 | 略 | 略 | 略 |
| | 略 | 略 | 略 | 略 | 略 | 略 |
| | 略 | 略 | 略 | 略 | 略 | 略 |
| | 略 | 略 | 略 | 略 | 略 | 略 |
| | 略 | 略 | 略 | 略 | 略 | 略 |
| | 略 | 略 | 略 | 略 | 略 | 略 |

| 预期最终成果 | 4篇以上论文或决策咨询报告1篇与研究报告1份 | 预计完成时间 | 略 |
|---|---|---|---|

## 二、开题论证后预期研究成果

| 主要阶段性成果 |||||
|---|---|---|---|---|
| 序号 | 研究阶段（起止时间） | 阶段成果名称 | 成果形式 | 承担人 |
| 1 | 略 | 湖南省职业院校教学竞赛赛项整合、赛训一体组织模式构建现状调查与分析方面研究 | 调研报告或论文 | 略 |

| 主要阶段性成果 ||||
|---|---|---|---|---|
| 序号 | 研究阶段（起止时间） | 阶段成果名称 | 成果形式 | 承担人 |
| 2 | 略 | 职业院校教学"赛""建"结合、"赛""改"融合方面研究 | 论文 | 略 |
| 3 | 略 | 湖南省职业院校教学竞赛"赛训一体"体系建设理论方面研究 | 论文 | 略 |
| 4 | 略 | 湖南省职业院校教学能力竞赛"赛训一体"组织模式优化方面研究 | 论文/政策建议 | 略 |
| 5 | 略 | 湖南省职业院校教学能力竞赛评价与激励机制研究 | 论文/政策建议 | 略 |
| 6 | 略 | 湖南省职业院校教学能力竞赛组赛机制优化研究总结报告 | 研究报告 | 略 |

| 最终研究成果 |||||
|---|---|---|---|---|
| 序号 | 完成时间 | 最终成果名称 | 成果形式 | 负责人 |
| 1 | 略 | 职业院校教师教学竞赛赛项整合、赛训结合的组织方式与工作机制等探索与实践方面论文4篇及以上，其中中文核心1篇或专著1本 | 论文 | 略 |
| 2 | 略 | 省赛管理办法或省市政策引导职业院校教师教学能力提升的工作激励机制建设建议 | 决策建议（实施方案） | 略 |
| 3 | 略 | 湖南省职业院校能力竞赛组赛机制优化研究报告 | 研究报告 | 略 |

## 三、开题论证后的实施方案（由课题主持人填写）

填写内容：问题提出、研究意义、研究综述、核心概念界定、理论依据、研究目标、研究内容、研究思路、研究方法、实施步骤和措施、组织领导、成员分工、研究成果及责任人、经费管理以及课题研究目前行动情况等，并附主要参考文献。表格不够可以自行添加页码。

1. 问题的提出

教育部自2010年开始举办全国职业院校信息化教学大赛，旨在全面提高职业院校教师的信息技术应用能力和信息化教学水平。2010、2011年，全国职业院校信息化教学大赛只面向中等职业院校教师组赛；2012年，增设高职组比赛，组赛制度逐步完善，掀起了职业教育信息化热潮，形成了"学生有技能大赛，教师有信息化教学大赛"的良好机制；2018年，全国职业院校信息化教学大赛更名为教学能力竞赛，大赛考查侧重点转向教师教学整体能力体现。对接全国大赛要求，湖南省举办省级比赛至今已有八届。大赛分级展开有效推进了信息技术与教育教学改革深度融合，对促进职业院校教师信息化教学能力提升起到了较大的带动效应。近五年来，项目团队在组织和承担省赛与国赛备赛工作中，通过对我省教师获国赛奖项情况等数据统计和相关调研分析发现：一是我省参加国赛获奖成绩与江苏、北京、广东、山东等省份比较还有一定差距，特别是一等奖作品数量偏少。此结果与湖南职业教育发展整体水平和教育信息化建设与应用实际情况不太相称。二是由于比赛重点考查教师的信息技术应用能力，导致部分教师对信息技术教学应用的关注远高于对教学内容及教学目标等教学核心要素的把握，与大赛主旨目标实现有偏离。三是通过2017年省本级竞赛组织与国赛参赛训练结合的改革尝试，我省在国赛中成绩显著提升。基于此，我省教学能力竞赛（原名为信息化教学大赛）的组织是否能更好地实现"以赛促改（以大赛促进教育教学改革）、以赛促用（以大赛促进信息技术在教学中应用）、以赛促建（促进师资队伍、课程等建设）、以赛促教、以赛促学、赛训结合（组赛与教师教学能力提升培训结合）"的目标？以及如何优化湖南省职业院校教学能力竞赛组赛机制解决为赛而赛等问题？由省教育厅职成处、省教育科学研究院、赛项承办单位及中、高职高专兄弟院校组成的项目团队为促进实际工作有效开展，深化赛制建设研究，探究解决以上问题的方法与途径。

2. 研究意义

教育部《教育信息化十年发展规划（2011—2020年）》中指出：要把教育信息化摆在支撑引领教育现代化的战略地位。对职业教育来说，以信息技术支撑产教结合、工学结合、校企合作、顶岗实习。《教育部关于深化职业教育教学改革全面提高人才培养质量的若干意见》（教职成

〔2015〕6号）中在（七）"完善教学保障机制"中指出，继续办好信息化教学大赛，推进信息技术在教学中的广泛应用；教育部《关于进一步推进职业教育信息化发展的指导意见》（教职成〔2017〕4号）在"提升师生和管理者信息素养"重点任务要点中明确指出，进一步完善信息化教学大赛制度，国家与地方每年举办职业院校信息化教学大赛，提高参与率，积极转化大赛成果并广泛共享。习近平总书记在党的十九大报告中指出：善于运用互联网技术和信息化手段开展工作。教育部部长陈宝生在2018年全国教育工作会议上讲话指出：加快教育信息化步伐，要全面提升教师信息技术应用能力，真正发挥教育信息化的支撑引领作用，用信息技术改造传统教学。2018年4月27日，谢俐副司长在"2018年全国职业院校技能大赛筹备工作会议"上指出：全国职业院校信息化教学大赛自2010年创办以来，在促进信息技术与教育教学深度融合方面发挥了导向和引领作用。随着"互联网+教育"向纵深发展，信息技术应用能力越来越成为教师的基本能力之一，为了进一步促进提升教师全面教学能力，在已连续开展了8年的信息化教学大赛基础上，比赛将从重点考查教师的信息技术应用能力，进一步拓展为全面考查教师的教学能力，并将其整体纳入全国职业院校技能大赛体系。教育部对全国职业院校教师信息化教学竞赛机制不断进行了优化。

本课题旨在通过对校、市、省级教师教学大赛组织实施体系研究与实践，寻找"以赛促改、以赛促建、以赛促用"的规律、内涵、原则与方略等，真正做到通过大赛的组织与成果辐射，实现标准示范引领、带动教师信息化教学水平整体提高，推进职业院校智慧校园建设、优质资源开发与共享、教学模式变革，走出为赛而赛的误区，让大赛作品来源于并推广应用于常规教学中，见成效于高素质技能人才培养中。

3. 研究综述

（1）国外研究现状。通过文献查询，国外就教学竞赛机制研究的还没有，但对教师信息化教学能力要求及培训非常重视。如，新加坡1997—2002年的MIT总体教育信息化规划要求到1999年全国教师都要接受MIT应用能力培训，并把它作为师资资格聘用的重要条件之一；英国颁布了教师信息技术能力标准，政府还宣布1998年是英国的网络年，其重点放在"为全国教师提供机会，以更新他们的信息和通读能力"；2000年6月，美国推出了《面向教师的国家教育技术标准》；澳大利亚在2002年颁布了教师专业标准。以上几个国家对教师信息技术应用能力提出了明确标准，并通过培训促进提升。而国内职业院校教师教学能力竞赛设置就是"赛训一体"的教师能力提升工作机制。

（2）国内研究现状。近年来，有众多学者就信息化大赛组织对教师教学能力提升的影响、参赛作品与课程教学方面进行研究。在知网中进行文献检索，输入"信息化教学大赛"关键词，从2013—2017年共有32篇论文，其中，有王春媚、严敏等就信息化教学大赛与课程教学间研究论文14篇，黄磊、唐文晶等就信息化教学大赛对教师教学能力影响研究论文有6篇，以上论文观点都认为通过参加信息化教学大赛促进了课程建设与教师教学能力的提升；郑银雪、杨庆伟分别研究了信息化教学大赛对中、高职教学改革产生的积极影响。刘原等在《从信息化教学大赛看我国高等职业教育信息化发展》文中主要从信息化教学大赛获奖统计分析探讨我国高职教育信息化发展现状和策略；周晶对全国职业院校信息化教学大赛教师参赛的误区进行分析研究，并提出了"加强职业教育教师信息化教学能力发展和培训"等建议；张玲等对宁夏职业院校信息化教学大赛进行述评；江苏省有学者、专家对其本省职业院校信息化教学大赛制进行系统研究。2014年，彭召波、彭召军发表了《职业院校信息化教学大赛体制建设的江苏经验》；2015年，谢传兵发表了《制度设计与成效追问——我省职业院校信息化教学大赛的回顾与前瞻》。这些都偏重赛项的设置及大赛对教育信息化建设产生积极影响的分析研究，而从学校到市、省级层面赛制优化系统的研究的还没有。近年来，湖南省有黄亚宇、熊美珍等作者撰写有关教师参加信息化教学大赛备赛或课程建设、个人教学水平方面研究论文5篇，但就职业院校信息化教学大赛机制建设进行研究没有。近两年来，教育部职业院校信息化教学指导委员会副主任姜丽萍等一批专家、学者对全国性信息化教学竞赛组赛机制优化与大赛组织进行研究，为本课题展开提供了丰富的信息支持和强有力的专家理论与实践指导。

4. 核心概念界定

职业院校教学能力竞赛是面向职业院校教师开展的教学比武活动，2018年以前为教师信息化教学大赛，重点考查教师的信息技术应用能力，现在转为全面考查教师教学设计与教学组织实施能力。全国职业院校教学能力大赛是教育部面向职业院校教师开展的教学竞赛，赛项曾设有信息化教学设计、网络课程（2016年此赛项撤销）、信息化实训教学、信息化课堂（2016年增加）。2018年，全国职业院校信息化教学大赛更名为全国职业院校技能大赛教学能力比赛，重点转为全面考查教师的教学能力，赛项为教学设计、课堂教学和实训教学三个赛项。参加全国竞赛的选手由各省通过本级选拔推荐，分为网评和决赛两个环节，决赛为现场比赛，包括作品展示与现场陈述（2017年改为观看提交作品视频）和答辩环节。

湖南职业院校教学能力组赛机制优化是指对接教育部组织的全国职业院校技能大赛教学能力比赛的要求，基于"以赛促教、以赛促学、以赛促研、以赛促改、以赛促建、以赛促用"原则，结合本省已有工作基础，借鉴外省经验，对面向湖南省职业院校开展的教学能力比赛与集中培训活动，进行整体策划设计、系统组织实施与评价检验等方面的改革、优化，进一步从制度方面规范，科学构建一套具有湖南特色的职业院校教学能力竞赛暨国赛选手遴选与培训机制，通过教学能力比赛活动引导、带动职业院校教师教学能力提升，促进教育教学改革，为本课题研究范畴。

5. 理论依据

（1）竞赛理论。现实生活中，某些个人或者集体通过付出努力（做出业绩）而相互竞争，目的是超过对手而得到奖励或避免惩罚，即为竞赛。设立竞赛从技术角度分为业绩完全识别型和业绩不完全识别型。职业院校教学能力竞赛就是教师个体或团队通过以作品为载体展示超过对手的业绩与能力，而获得认可与奖励，可从业绩完全识别型竞赛要素控制来优化赛制建设。

（2）激励理论。激励指的是持续激发人的动机的心理过程。在管理中，激励能调动人的积极性和主观能动性。竞赛设计本身就是为了发挥激励导向作用，无论是组织参赛的集体还是参赛教师，通过竞赛准备与正式比赛过程获得激励,同时通过标杆带动影响来激励同行、同伴。竞赛中评价与考核运用机制优化应遵循激励理论,综合考虑激励要素。

(3)有效教学理论。信息化教学大赛举办本意是促进教师信息技术应用能力的提升,以提高教学效果。布卢姆(美)的有效教学理论指出,教师在教学中遵循教学活动的客观规律,以最少的时间、精力和物力的投入,实现教学目标和学生的个性培养与发展。有效性包含有效果、有效率、有效益三个方面。因此,信息化教学大赛赛项设计、评价标准与作品遴选及培训组织等全过程中均必须牢牢把握好有效教学理论原则。

6. 研究目标

通过调研及数据统计分析和理论研究、实践探索,系统整合全省职业院校教师教学竞赛赛项,确立省赛组织必须保障和可调整的要素,构建具有湖南特色的省级"赛训一体"组织模式,制定科学合理的省级教学能力竞赛管理办法,既对接上一级比赛项目,又能实现引导、带动全省职业院校课程教学改革和教师队伍建设的目标;完善省、市级教师竞赛组织工作机制,引导市(州)、学校建立以赛导"教""学""研"和以赛促"改""建""用"的工作机制,构建"赛训一体(教学比赛与培训)、建改融合(教育信息化建设与教学改革深度融合)"的教学比赛层级推进工作体系,形成可在省内外推广应用的成果,促进全省教师教学能力提升。

7. 研究内容

本课题就湖南省职业院校教学能力竞赛组织机制进行优化研究,研究内容主要有以下几方面:

(1)对湖南省职业院校教学能力竞赛机制优化的现状研究。通过资料查询和数据统计分析,了解近五年全国职业院校信息化教学大赛一等奖获奖分布(省份、院校)和获奖总数前五位与后三位省份情况,省内省外比较,分析本省组织教学能力竞赛(教学能力竞赛)及其他教学竞赛活动组织情况与参加全国教学竞赛获奖情况,总结经验特点,发现不足,明确进行赛制优化设计必要性和待优化解决问题与思路。

(2)湖南省职业院校教学能力竞赛赛项整合与"赛训一体"组织

模式研究。围绕教师教学能力提升设计多种类型（别）教学竞赛，为了减轻学校、基层教师压力，提高竞赛活动效益，将同类竞赛进行有效整合，做到赛项内容相互嵌入、赛项目标均同实现；将竞赛活动组织和教师培训项目有机结合，以赛促训、以训提能，充分实现教学竞赛的导向和带动功能。

（3）湖南省职业院校本级、市（州）级教学能力竞赛"赛、建"结合和"赛、改"融合研究。基于有效教学理论和竞赛导向原则，结合当地、市和学校实际，研究对接省赛、国赛的以赛促教育信息化基础设施和课程、团队建设及以赛促教育教学改革的工作内容和组织方式体系。

（4）湖南省职业院校教学能力竞赛组赛机制优化理论研究。通过调查问卷、实地访谈及数据比较，比较近三年本省与江苏、山东、湖北等省份的省赛组织方式及激励举措等。从竞赛理论模型研究影响省赛组织效果与目标实现的因素，探索具有本省职业教育特色的省赛（含市、地区层级竞赛）主题名称、组织方式、赛项内容、评价标准、竞赛培训和竞赛成果分享体系。

（5）湖南省职业院校教学能力竞赛评价与激励机制研究。基于激励理论和教师职业成长规律，研究促进校、地（市）和省本级教学竞赛效应发挥的组织工作机制、层级赛项对接与竞赛组织评价观测点，形成省级教学能力竞赛组织管理办法，提出实施推广的政策建议。

8. 研究思路

先通过调查、收集资料和文献查询学习，对湖南省职业院校教学能力大赛及各类教学竞赛活动开展现状进行分析，与兄弟省份对比，找准课题研究的着力点。然后，结合本省职业教育信息化建设特点及信息化教学推进基础，基于理论分析，展开省级（含地市遴选）赛项整合、"赛训一体"的竞赛组织要素及校本级"赛、改、建"结合信息化教学推进机制的研究与实践，构建可推广模式与经验，并予以推广应用。具体研究思路如下图所示：

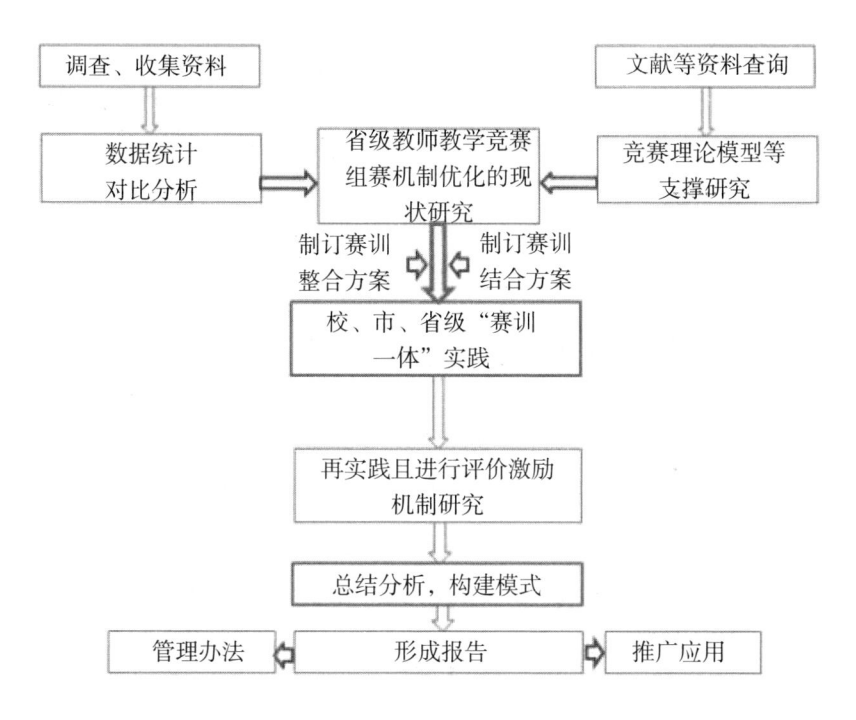

```
┌──────────────────┐              ┌──────────────────┐
│  调查、收集资料    │              │  文献等资料查询    │
└────────┬─────────┘              └────────┬─────────┘
         ↓                                 ↓
┌──────────────┐    ┌──────────────┐    ┌──────────────┐
│  数据统计     │ ⇒  │ 省级教师教学竞赛 │ ⇐  │ 竞赛理论模型等 │
│  对比分析     │    │ 组赛机制优化的现 │    │  支撑研究      │
└──────────────┘    │  状研究        │    └──────────────┘
                    └───────┬──────┘
                 制订赛训  ⇓  制订赛训
                 整合方案     结合方案
                    ┌───────┴──────┐
                    │ 校、市、省级"赛训│
                    │   一体"实践    │
                    └───────┬──────┘
                            ↓
                    ┌──────────────┐
                    │ 再实践且进行评价激励│
                    │   机制研究     │
                    └───────┬──────┘
                            ↓
                    ┌──────────────┐
                    │ 总结分析，构建模式│
                    └───────┬──────┘
          ┌─────────────────┼─────────────────┐
          ↓                 ↓                 ↓
    ┌──────────┐      ┌──────────┐      ┌──────────┐
    │ 管理办法  │ ⇔   │ 形成报告  │ ⇔   │ 推广应用  │
    └──────────┘      └──────────┘      └──────────┘
```

9．研究方法

（1）调查研究法：通过收集、统计在全国竞赛中各省获奖、湖南省赛组织情况等信息资料，采取调查问卷、访谈等对省内外的主要组赛机制与激励政策等情况进行对比分析，了解近五年来各省信息化教学比赛增长变化趋势及湖南省排名情况，把握本省教学竞赛组织取得成效与有待优化的关键问题。

（2）文献研究法：通过文献资料查询与分析，基于多因素原理，对影响职业院校教学能力竞赛组织的主客观因素，按照来源和影响方向、程度及途径等进行分类；依据竞赛理论模型和激励理论等，研究教学竞赛组织模式和评价机制。

（3）行动研究法：课题组进行系统理论研究的同时，以湖南化工职业技术学院、永州工商职业中专专业学校等三所以上中、高职院校及长沙市、株洲市展开校、市级的"赛训、赛改、赛建"结合实践，以承办省赛为契机展开省级"赛训一体"实践探索，归纳总结形成政策建议和经验，促进推广应用。

10. 实施步骤和措施

（1）调查分析与研讨，进一步明确课题研究思路和目标。2018年6—7月，课题组成员通过访谈、座谈等调研、讨论，理顺本课题研究思路、方向，确立了研究与"校、市、省级分层实践探索"同步推进的策略。

（2）文献资料查询与数据统计分析，理清课题研究现状与内容、目标。2018年8—9月，通过网络信息和图书资料查询，收集相关文献和近5年的省赛组赛、国赛获奖数据等资料，进行数据统计分析，摸清课题研究现有基础，理清后续研究内容与目标及意义。

（3）制订调查问卷和访谈调研计划方案并予以实施推进。2018年8月下旬始，设计拟定了第一轮问卷调查表，面向全省参加2018年全国职业院校教学能力竞赛选手团队成员展开调研，明确"赛训"结合的基础需求。同时，拟订面向江苏、湖北、山东等省外访谈方案并逐步实施推进。

（4）基于理论模型与调研数据，展开影响要素分析研究。2018年9月至2019年6月，基于激励理论和竞赛理论模型分析影响教师教学竞赛成绩的主要因素，探究赛制优化须把握的要素与可行路径。

（5）分级推进试点实践赛项整合、"赛训一体"的大赛组织模式。2019年3月始，启动校、市级赛制优化试点探索；4月始，推进省赛赛制优化第二轮实践。

（6）再就探索情况进行理论分析，细化激励评价机制，并对方案再优化与实施。2019年6月份始，总结前期试点探索经验，对接国赛要求，再次优化设计省赛与参加国赛集训机制与评价机制。

（7）归纳小结，形成管理办法，提出政策建议。2019年12月始，总结课题研究与实践探索经验，拟订下一年度省级"赛训一体"的工作方案，形成校、市级组赛基本模式和标准体系，提出相关政策建议。

（8）总结研究成果，撰写课题研究报告申请结题验收。2020年8月始，总结研究成果，撰写研究报告。2020年12月，申请结题验收。

11. 组织领导与成员分工

本课题在省教育科学研究院规划办指导下，省教育厅职成处和教科院职成所支持下，由学校科研处统筹管理和监督推进，课题负责人负责组织实施，课题团队成员协同完成。课题组成员由省级、市州和学校教学及竞赛管理部门与研究院所负责人、管理骨干、一线教师组成，主要成员分工见下表1。

表1 课题组主要成员分工一览表

| 序号 | 课题成员姓名 | 现工作专长 | 课题研究任务分工 |
| --- | --- | --- | --- |
| 1 | 隆平 | 教学管理与信息化教学研究 | 课题研究总体设计与组织实施，主笔撰写相关研究论文与研究报告。 |
| 2 | 周韶峰 | 区域性职业教育改革 | 省级竞赛机制设计和实施策划与安排，拟订课题研究计划和研究报告提纲，撰写政策建议并予以呈报审核。 |
| 3 | 舒底清 | 课程建设与专业教师成长 | 职业院校教师培训机制建设与组织实施，拟定教师培训方面政策建议并予以呈报。 |
| 4 | 田伟军 | 专业与课程建设 | 省级竞赛组赛方案落实与校本级管理机制建设，撰写相关研究论文，参与研究报告撰写等。 |
| 5 | 刘彦奇 | 公共管理 | 设计优化、拟订省级组赛方案并予以组织实施，起草竞赛激励机制方面政策建议等。 |
| 6 | 袁晓玲 | 职业教育评价和信息化教学 | 设计并推进市级竞赛工作机制试点探索，参与优化、拟定对接国赛的"赛训一体"省级竞赛工作体系。 |
| 7 | 罗源 | 职业教育评价 | 参与省级、校本级方案组织实施，从竞赛和激励理论模型展开研究，主笔撰写相关论文。 |
| 8 | 刘琴 | 职业教育信息化与资源建设 | 参与省级、校本级方案优化设计与组织实施，参与撰写相关"赛训一体"方面研究论文。 |
| 9 | 李任充 | 数据统计与软件开发 | 负责数据统计分析，建立数据模型研究及软件开发。 |
| 10 | 胡志诚 | 数控专业信息化教学与教学管理 | 设计并推进中职院校本级竞赛与教师培训结合工作机制试点探索，参与撰写相关研究论文。 |
| 11 | 刘艳艳 | 课程建设与信息化教学 | 参与"赛训一体"教学实践，撰写相关研究论文。 |

12．研究成果及责任人

课题研究将形成4篇及以上论文（其中，1篇中文核心期刊以上），主要成果与责任人见下表2。

表2　课题研究预期主要成果与责任人一览表

| 序号 | 成果名称 | 成果形式 | 承担人 | 完成时间 |
|---|---|---|---|---|
| 1 | 湖南省职业院校教学竞赛赛项整合、"赛训一体"组织模式构建现状调查与分析方面研究 | 调研报告或论文 | 略 | 2018-07-01—2018-12-31 |
| 2 | 职业院校教学"赛""建"结合、"赛""改"融合方面研究 | 论文 | 略 | 2018-07-01—2019-12-31 |
| 3 | 湖南省职业院校教学竞赛"赛训一体"体系建设理论方面研究 | 论文 | 略 | 2018-07-01—2019-12-31 |
| 4 | 湖南省职业院校教学能力竞赛"赛训一体"组织模式优化方面研究 | 论文或政策建议 | 略 | 2019-01-01—2019-12-31 |
| 5 | 湖南省职业院校教学能力竞赛评价与激励机制研究 | 论文或政策建议 | 略 | 2019-01-01—2020-07-31 |
| 6 | 湖南省职业院校教学能力竞赛组赛机制优化研究总结报告 | 研究报告 | 略 | 2020-08-01—2020-12-31 |

13．经费管理

根据学院科研管理办法拨付相应的科研经费，由科研产业处按照科研管理制度对经费进行具体管理，并严格监督课题经费合理有效使用。本课题主持人严格按《湖南省教育科学规划课题经费暂行管理办法》做好经费开支，遵守财务制度，保证课题经费专款专用、不挤占和挪用。经费预算如下表3。

表3　课题研究经费预算一览表

| 序号 | 支出项目名目 | 预计支出（元） |
|---|---|---|
| 1 | 调研与信息收集差旅费等 | 略 |
| 2 | 课题研讨、交流会议费等 | 略 |
| 3 | 专家咨询费 | 略 |
| 4 | 出版事务费 | 略 |
| 5 | 科研绩效、劳务等 | 略 |
| 6 | 其他费用 | 略 |
|  | 合计 | 略 |

14．课题研究目前行动情况

（1）完成了课题研究前期调研、论证，明确了课题研究目标与思路，拟订了课题研究计划。

（2）结合实际工作，以长沙市、湖南化工职业技术学院为试点，推进了校、市级赛训结合机制建设探索。

（3）组织开展了面向参加国赛选手团队成员调查问卷和省外访谈调研，分析与探索赛训结合机制建设有效途径与措施，推进了省级职业院校教师职业能力竞赛赛项整合、赛训结合实践探索。

（4）完成了对近5年各省参加全国职业院校信息化教学大赛获奖情况和湖南省赛情况统计与分析，正在撰写相关调研分析报告，并展开了必要性和可行性研究，10月底完成初稿，11月定稿。

15．主要参考文献

［1］张晨婧仔，王瑛等．国内外教育信息化评价的政策比较、发展趋势与启示［J］．远程教育杂志．2015（4）：22-32．

［2］陈颖．全国职业院校信息化教学大赛项目组织管理模式研究［D］，中国地质大学（北京）．2015．

［3］彭召波，彭召军．职业院校信息化教学大赛体制建设的江苏经验［J］．职业技术教育，2014（9）：57-59．

［4］谢传兵．制度设计与成效追问——我省职业院校信息化教学大赛的回顾与前瞻［J］．江苏教育·职业教育，2015（08）：39-42．

［5］谭振平，王茂坤．国内外教育信息化状况概述［J］．山东电力大学报，2002（02）：15-16．

［6］王炜．国外教师信息技术应用能力标准综述［J］．中小学信息技术教育，2005（06）：62-65．

［7］邓长胜．英、美中小学教师信息技术培训［J］．北京广播电视学报2014（5）：57．

［8］王哲伟．竞赛理论研究的新进展［J］．经济学动态，2012（07）：105-110．

［9］郝辽钢，刘健西．激励理论研究的新趋势经济结构［J］．北京工商大学学报（社会科学版），2003（05）：12-17．

［10］蔡家敏．信息化教学大赛促进中职数学教学模式改革的实践研究［J］．现代职业教育，2016（07）：67．

［11］杨庆伟．浅谈信息化教学大赛对高职教育改革的促进作用［J］．天津职业院校联合学报．2016（04）：26-29．

［12］周晶．全国职业院校信息化教学大赛参赛的误区与建议［J］．中国教育技术装备．2015（10）：132，136．

［13］王春媚，李云梅等．信息化教学大赛成果向课堂教学的转化探究［J］．职业教育．2017（02）：56-59．

［14］黄磊．职业学校信息化教学大赛对教师教学能力影响探析［J］．江苏教育研究．2017（02）：55-56．

［15］唐文晶．试论信息化教学大赛对支教教师能力提升的拉动作用［J］．中国职业技术教育．2015（20）：52-55．

［16］刘原，杨方琦等．从信息化教学大赛看我国高等职业教育信息化发展从信息化教学大赛看我国高等职业教育信息化发展［J］．软件导刊·教育技术，2017（01）：63-65．

［17］黄亚宇．以赛促教：信息化教学大赛对职业教育教学改革的作用——以"经济法"课程为例［J］．机械职业教育．2017（07）：8-10．

［18］熊美珍．信息化教学大赛对高职青年教师教学水平提高的思考［J］．2017（07）：134-135．

# 第七章　教育科研课题的实施

## 第一节　课题内容的分析

分析课题内容，是开展课题研究的重要环节，关键点在于开展课题重大研讨活动，促使课题组成员更有针对性地分析课题研究内容，开展课题研究，保障课题研究工作的顺利开展。通过有效开展教育科研课题研讨活动，能使课题组成员进一步明晰课题研究的思路，有效促进课题组成员合理分工，增强课题组成员深入研究的信心。因此，切实开展课题研讨活动，是促进课题组成员分析课题内容、真正参与课题研究的有效方式，是保障课题研究成果质量的重要前提。

### 一、课题内容分析研讨活动设计的基本内容

一般而言，教育科研课题重要研讨活动可分为仅有课题组成员参加的课题研讨活动和邀请相关专家、领导、同行等其他人员参加的课题研讨活动两类。仅有课题组成员参加的课题研讨活动相对容易组织，开展活动的形式较丰富，可利用手机、电脑等开展线上研讨活动；而邀请相关专家、领导、同行等其他人员参加的课题研讨活动比较正式，组织难度较大，须耗费较大的精力财力，但课题研讨活动的成果、收获要相对多些。课题研究者须根据自身的实际情况组织课题研讨活动。

不管教育科研课题研讨活动是否有其他人员参与，其活动设计的内容是基本一致的。具体而言，一个完整的教育科研课题重大研讨活动设计包括研讨活动主题、研讨活动内容及流程、研讨活动时间及地点、研讨活

人员安排、研讨活动记录表五个方面的内容①。

（一）研讨活动主题

提前确定好课题研讨活动的主题，是确保课题研讨活动如期如质开展的必要条件。整个研讨活动都是围绕研讨活动主题展开的，提前确定好研讨活动的主题，能确保参与研讨活动的人员有足够的时间准备相关资料，从而在研讨活动过程中能积极、有效地发表自己的观点，甚至与他人产生共鸣。研讨活动的主题可以是课题研究的部分研究内容，可以是课题研究成果的展示，也可以是课题研究过程中遇到的难题等。

（二）研讨活动内容及流程

研讨活动内容是研讨活动主题的进一步细化，只有研讨活动内容明确具体，才能使研讨活动参与人员积极参与讨论，有效实现课题研讨活动的目的。研讨活动的内容须根据课题研究的需要确立，且要考虑课题组成员的实际情况。研讨活动的流程是根据研讨活动内容确立的，清晰的研讨活动流程是确保研讨活动有序开展的重要条件，如果研讨活动流程不清晰，杂乱无章地进行研讨活动，不仅会影响课题组成员参与研讨活动的积极性，还会导致研讨活动没有收获。

（三）研讨活动时间及地点

研讨活动时间及地点须充分考虑课题组成员的需求，确保绝大多数课题组成员或绝大多数研讨活动参与人员能较方便地参加研讨活动。研讨活动时间及地点须提前确定好，以备做好大家安排。

（四）研讨活动人员安排

研讨活动人员安排须提前跟相关活动负责人沟通好，一般需要安排主持人、记录员、主讲人等。研讨活动人员安排时，须考虑课题组成员的特长，做到人尽其用。

## 二、课题内容分析研讨活动设计的基本要求

在开展教育科研课题研究的过程中，课题研讨是经常性活动，也是使

---

①党永生.教研论文撰写导航：我的教研苦旅[M].兰州：甘肃教育出版社，2015：239-249.

课题研究最终取得丰硕成果的重要环节。课题研讨的质量影响课题研究的氛围，也影响课题研究过程的可持续性。为扎实开展教育科研课题研究，必须提升课题研讨活动的实效性，确保课题研讨活动达到以下基本要求。

**（一）开展课题组研讨活动要做到主题鲜明**

课题负责人要对研讨主题进行科学规划与设计，使之系列化，以确保课题研讨活动有计划地进行。研讨的主题一定要根据课题的具体研究目标与研究内容设定，切不可漫无边际、离题太远。要树立问题即主题的意识，通过研讨活动真正解决研究过程中存在的问题与困惑，为后续课题研究扫清障碍、铺平道路。不能为了研讨而研讨，更不能为了应付结题而搞假研讨，摆拍、作秀。

**（二）开展课题组研讨活动要体现研究性**

课题组开展研讨活动并非课题负责人唱"独角戏"，参研教师也不是单纯地接受负责人的工作布置。为实现课题的研究目标，要凝聚课题组整个团队的研究力量，提升参研教师的参与度。课题组的每一位成员既是研究者又是实践者。要让每个成员在明确课题研究目标与内容的基础上，通过学习更新理念，掌握研究的现状，分析问题所在，提出解决方案并在教育教学中实施研究方案，在实施中总结方案的利弊得失，继而不断诊断和完善方案。课题组成员就某方面问题进行分析与讨论，不仅是信息的传递，更是思想的碰撞与思维方式的展现，由此产生的智慧往往能真正帮助有困惑的课题组成员解决实际问题。

**（三）课题组研讨活动的形式要灵活多样**

现在一线教师的教学任务较重，可利用的整块时间相对较少。面对这种情况，课题研讨形式就要灵活多样。可以根据相关研究制度的规定做定期的集体研讨，也可以根据实际需要临时组织与安排，研讨形式可以是面对面的，也可以利用网络空间进行。笔者曾主持过一个省级课题，常规课题研讨活动每月开展一次，同时组建了课题研讨微信群，课题组成员遇到疑问则可随时将问题发到群里，其他人在方便时发表自己的想法并给出建议。通过线上与线下研讨方式的相互配合，我们在时间有限的情况下做到了课题组全员参与，研究氛围比较浓厚，研究成果比较理想。

139

### （四）认真撰写研讨活动体会

在课题研讨活动过程中，课题组成员往往会从中得到一些启示与思考。俗话说"好记性不如烂笔头"，参研人员应注意记录自己的思考过程以及他人的有价值、有创新的观点等，认真撰写课题研讨活动体会。课题组成员通过对研讨活动的不断反思，使自己开展课题研究的思路进一步明晰，不断提升科研水平。

## 第二节　研究方法的落实

### 一、加强课题研究方法自身研究与建设

近年来，教育科研人员疲于申报课题、研究课题，存在盲目追热点、追创新的倾向，而对于基础研究、学科建设、研究问题等关注甚少，尤其忽视了"教育研究方法"自身的研究与建设。研究方法分析框架与体系的模糊性、不规范化致使研究者凭感觉、想当然地选择研究方法，而这种状况进一步加剧了研究方法自身建设的边缘化与不确定性。

要改变课题研究中研究方法的认知缺失与乱用、误用的状况，让广大教育科研人员尤其是一线教师能够全面、整体、深刻地理解研究方法，必须加强研究方法的科学化建设，以建立清晰、规范的教育研究方法体系。

### 二、树立"基于研究问题确定研究方法"的意识

教育科研的目的在于解决教育理论与实践发展中的问题，问题的解决必然要依托相应的方法。科研人员要牢固树立"基于研究问题确定研究方法"的意识。课题研究因其研究内容丰富，一般既需要有定性研究的价值判断，也需要有定量研究的事实材料。要突破"定性""定量"研究的藩篱，根据研究问题选择最为有效的方法。

### 三、重视具体研究方法的学习和运用

不论定性研究、定量研究还是混合研究都离不开具体研究方法的运用。实现教育科研方法的科学化、规范化，提高课题研究的质量，离不开教育科研管理部门、课题研究人员、高校科研机构多方协同努力。高校对研究生的职前培养与科研管理部门的职后培训是外因，科研人员的自觉学习提高是内因。

高校在研究生培养期间，要增加研究方法课程和方法训练的比重，确保职前接受系统的方法训练；教育科研管理部门要充分发挥组织优势、专家资源优势，开展课题申请前与立项后的研究方法培训，要加大对一线研究人员的培训力度，使一线教师的职前培养与职后学校或科研管理部门的培训相得益彰。

广大科研人员要自觉提升学术素养，了解不同研究方法的应用情境、适用范围，掌握操作程序、实施步骤，数据资料的处理方式、分析手段。要注意研究方法的合伦理性，切忌盲目追求创新。

## 第三节　阶段成果的类型

阶段性成果可以从实践性成果、理论性成果、技术性成果等方面来写。实践性成果主要是课题实施以后对教育教学实践的改变，如师生的变化情况、教学效果的变化等。理论性成果主要是课题研究中相关量表、工具、技术手段等的开发使用情况等。技术性成果主要指研发的平台、开发的课件、一些二次开发的软件、教具等。还包括已有研究成果的获奖情况、被采用情况等[1]。

课题阶段成果的主要类型有教育调查报告、教育实验研究报告、教育决策咨询报告等。

---

[1] 庞立场.教科规划课题研究方法运用的现状与思考[J].教育科学论坛，2019，484（34）：35-38.

## 一、教育调查报告

调查报告是一种书面形式的研究报告，是作者在对学校的情况、问题或事件进行调查研究的基础上，所撰写的描述事件面貌、揭示事件本质和探讨教育规律的书面报告。一般来说，教育调查报告由题目、前言、正文、结论和建议、附录五个部分组成。

### （一）题目

用来说明调查研究的主要问题。可加副标题，副标题是对主标题的补充，用来说明调查的地点、内容或范围，起限定作用。例如，《加大少数民族地区义务教育扶持力度——湖北省某少数民族自治县义务教育调查报告》。

### （二）前言

第一，要说明调查的是什么问题、调查此问题的缘由和背景、调查的筹备过程、调查的主要内容、调查的意义及价值等。第二，要说明调查的基本情况：概述调查的时间、地点、对象、范围、取样及调查的方式等。第三，对此次调查的有利条件和不利条件做简单分析。

### （三）正文

正文部分即调查内容。通过叙述、调查图表、统计数字及相关文献资料，对调查中所收集到的材料进行分析和推理，把调查的主要内容有条理地、准确地揭示出来。调查报告的写法多种多样，较为常见的有以下两种形式：一种是通过展示调查事实，进行问题分析。先展示调查的基本事实，然后对事实所反映的问题进行分析，再从不同角度对这些材料说明的问题加以论述，从而清楚地表达出调查结果。另一种是运用调查材料，分成部分阐述。综合运用调查中所取得的材料，提炼出若干问题，按照事物本身的逻辑关系，将所研究的问题分成几个部分进行阐述。

### （四）结论和建议

在对调查内容进行总体定性、定量分析的基础上，概括出事物的内在联系和规律，并提出新的见解和参考意见。

（五）附录

把调查工具或部分原始材料附在报告后面。附录包括各种调查表格、原始数据、研究记录等。

## 二、教育实验研究报告

教育实验研究报告是对整个教育研究内容的全面总结。其基本框架包括题目、前言、方法、结果、讨论等部分。

（一）题目

必须准确、清楚地呈现出研究的主要问题，反映研究的范围和达到的深度。通常直接采用研究课题的名称，并指明研究的主要变量。

（二）前言

主要内容包括：（1）提出问题，表明研究目的；（2）通过对有关文献的考察，说明选题依据、课题研究的价值与意义；（3）目前国内外在这一方面的研究成果、现状、问题、趋势；（4）该项研究所要解决的问题及研究的理论框架。

（三）方法

基本内容包括：（1）研究课题中出现的主要概念的定义和阐述；（2）被试的条件、数量、取样方法；（3）实验的设计，实验组与控制组情况，研究的自变量因素的实施条件控制等；（4）实验的程序，通常涉及实验步骤的具体安排、研究时间的选择；（5）资料数据的收集和分析处理，实验结果的检验方式。

（四）结果

基本内容包括：（1）对研究中所收集的原始数据、典型案例、观察资料等，用统计表、曲线图结合文字进行初步整理、分析，既有对定性资料的归纳，又有对定量资料的统计分析等；（2）在对资料进行初步整理分析的基础上，采用一些逻辑或统计的技术手段，推出研究的最终结果或结论。

（五）讨论

即对研究结果的含义与意义进行解释。基本内容包括：（1）对实验结果进行理论上的分析和论证；（2）对本实验实施方法的科学性和局限性进行探讨；（3）提出可供深入研究的问题以及本实验研究中尚未得到解决或需要进一步解决的问题，对未来的研究以及如何推广研究提出建议。

### （六）参考文献和附录

报告的末尾，应注明研究报告中直接提到的或引用的资料的来源。

## 三、教育决策咨询报告

教育决策咨询报告主要为教育决策者服务，它是针对相关教育现实问题，提出具体的、政策性的、操作性的方案与实施建议的研究报告。它强调针对性、实用性、时效性。教育决策咨询报告的根本价值在于发现和解决相关教育现实问题，不宜泛泛而谈、面面俱到，一定要小切口，以小见大、以点带面，真正做到问题的聚焦、对策的细化、方案的可行。其基本框架主要包括题目、内容摘要、正文等。

### （一）题目

教育咨询报告题目的确定实际上等于确立了研究方向，也划定了教育决策咨询的范围。题目要开宗明义、直奔主题，缩小研究领域，实现聚焦透视，简明扼要地体现报告的核心思想。如《提升上海地方普通高校学科竞争力的对策研究》《辽宁省高等教育质量监控与预警系统建设研究报告》等。

### （二）内容摘要

内容摘要主要介绍此教育研究的动机、目的、主要内容等。

### （三）正文

正文部分是教育决策咨询报告的主体内容，主要分为三个部分：第一部分简要陈述教育研究对象的相关现状；第二部分简要陈述教育研究对象存在的问题；第三部分列举并详细阐述针对教育研究问题提出的具有针对性和可操作性的具体思路、对策、建议、措施等。它是报告的主体，也是最有价值的部分。

## 第四节 中期检查的组织

为了保证课题研究的质量，对研究时间较长的课题，科研主管部门在管理上设立了中期检查一项。中期检查活动一般由课题组来组织，邀请专家和有关人员参加，相关情况要上报课题管理部门。

### 一、中期检查的主要目的

中期检查又叫中期论证，主要目的是分析课题已取得的阶段研究成果，研讨课题研究的可持续性，重点是对课题研究进行反思、归纳、深化和细化。中期检查是课题管理中一个比较重要的环节，它的作用可以用七个字来概括：回头看再向前走。"回头看"看的是课题研究前一阶段的工作中存在哪些问题或不足，诸如研究方向是否正确、研究目标是否过高、研究内容是否过多、研究方法是否得当等。通过修正这些问题和不足，保证课题研究有计划、有步骤地顺利开展，确保课题研究工作的质量和水平；"再向前走"是指在中期检查的基础上进行调整，从而有计划、有目的实现预期目标。

通过中期论证，科研管理部门可以及时掌握立项课题的研究进展，实现在评估中指导、在检查中服务的目的，督促课题组按计划有效地开展研究。中期检查论证的具体目的包括以下内容：

（一）了解课题研究现状

对课题进行中期检查，可以客观了解和把握课题研究的现状、研究进展，发现前一阶段研究过程中出现的问题，从而对整个课题研究的实际情况有较充分了解，适时修改课题研究计划。

（二）获取课题研究指导

中期检查中会邀请专家、相关领导对课题研究情况进行指导，从而有效帮助课题组成员发现、分析研究中的问题，并提出相关建议，为课题研究中遇到的难题、问题指明思路，促进课题研究工作的规范化、科学化和实效化，提高课题研究的质量。

### （三）交流课题研究经验

中期检查过程中，课题主持人均来自不同学校，大家可通过仔细聆听其他主持人的发言答辩，以及专家评委对课题的批评、建议和指导，达到互相交流、互相学习、互相促进的目的。

### （四）规范课题研究过程

根据中期检查的要求对课题进行检查和评估，使课题主持人进一步明确课题研究工作程序和要求，有利于课题研究工作中研究目标的实现和课题目标管理制度的落实。中期检查可强化对课题研究过程的管理，规范课题的研究过程，提高课题的研究水平和质量。

## 二、中期检查的主要内容

中期检查中最重要的就是中期检查报告的撰写。通常，一个完整的课题中期检查报告主要包括以下几个部分：（1）中期检查活动简况：检查时间、地点、评议专家（课题组外专家应不少于2人）、参与人员等。（2）中期报告要点：研究工作主要进展、阶段性成果、存在问题、下一步计划等。（3）主要阶段性成果及影响：成果名称、成果形式、完成或发表时间、成果影响等。（4）专家评估要点：侧重于过程性评估，检查前期课题研究计划落实情况，进行可持续性评估，调整研究计划建议等。（5）重要变更：侧重说明对照课题申请书、开题报告和专家意见所做的研究计划调整。（6）所在单位科研管理部门意见。（7）附课题申请书、开题报告等材料。在此，仅对中期报告要点部分内容的填写做具体介绍，其他部分研究者可根据自己的实际情况进行填写。

### （一）研究工作的主要进展

研究的进展是中期检查报告的重点部分，主要说明自课题实施以来，课题承担者所做的主要工作及其对课题研究的推动。可以对照申报书来写。看看课题申报时的阶段性承诺，到目前为止，应该兑现的兑现没有；如果兑现了，兑现的质量如何；还有哪些没有兑现，什么原因导致没有兑现，要做出没有兑现的原因说明或解释。研究的进展可以分阶段写，也可以按照取得进展的情况来写。

### （二）存在问题

存在问题，即对课题研究中的问题进行描述。课题研究中会存在很多这样那样的问题，这部分要写主要问题，也就是会影响整个课题研究继续推进的问题。课题研究中不可能不存在问题，存在问题不可怕，可怕的是不敢直面问题。只有敢于直面问题，才能找到解决办法，如果故意掩盖课题研究中存在的问题，反倒是不利于课题管理者和评审专家根据问题提出有针对性、建设性的指导或改进意见。

### （三）下一步计划

下一步计划要根据课题研究存在的问题、今后研究的需要、原有的研究计划来做安排。这部分主要是写今后研究的思路、拟采取的问题改进措施或课题研究的推进措施等内容。下一步计划要与存在的问题有内在联系，不能毫无关联。

此外，在撰写中期检查报告时，须注意以下几点：第一，中期检查报告最重要的作用和目的是对前期研究进行反思，没有反思写不出有深度的中期检查报告。反思要直指开题时设计的研究目标，为了目标的实现，做了哪些工作，得出了哪些重要观点，形成了哪些阶段性的成果等。第二，在撰写研究进展时，可以遵从时间逻辑，划分重要阶段，写出每个重要阶段的重要工作，注意要归类。第三，阶段性成果建议和研究进展分开写，阶段性成果中不仅要写出成果形式，更要写出成果内容。实践性成果要注意用证据来印证，比如用数据、案例等来阐述发生的变化、产生的效果等。理论性成果要注意提炼，比如发表论文的核心观点是什么，一个案例体现的核心思想是什么，等等。第四，存在的问题，可以从研究内容和组织工作两方面来着墨，前者是反思并阐述的重点，后者次之。

## 三、中期检查的常见问题

### （一）中期检查报告写得粗糙、不规范

中期检查报告要写出围绕课题开展的活动、进展情况、存在哪些问题、下面如何开展工作。但目前很多中期检查报告都是理论较多，那些是皮毛，是外衣，关键的是课题研究中已经进行过的活动要阐述清楚。有的中期检查报告几乎照搬立项申请书中的内容，这是很不妥的。申请书中的内容，很多只是课题开始研究之前的设想，而中期检查重在对照原来的申请书提出的研究目标和研究内容检查已经做了什么工作，目标实现程度如何，研究内容完成的情况等。此外，各课题负责人一定要细心，仔细核对各项填写内容，包括立项号是否填写正确；人员变更中上传的和纸质的是否一致，课题起止时间有没有填对等。

### （二）没有及时上传中期检查报告

立项通知书中对这些问题都有说明，教育科研网也会提供检查表下载，一般来说，课题管理部门对中期检查不另行专门通知。没有及时上传中期检查内容到课题管理系统平台的，在结题时课题管理系统平台的自动审核将无法通过，那就要延期结题。因为课题管理系统平台对超过上传截止时间的课题会自动拒绝材料上传，一旦过了期限传不上，会造成立项课题变成死课题，给课题管理和课题结题造成麻烦。

### （三）中期检查中没有发现存在的问题

在中期检查中，很多课题研究人员认为自己课题研究开展得很顺利，发现不了课题研究中存在的问题。一般而言，中期检查中存在的问题大体可分成以下内容：（1）行政管理问题；（2）课题的学术内容问题；（3）课题研究人员的问题；（4）技术或设备问题；（5）课题的协作问题。课题研究人员可围绕这些方面进行课题存在问题的分析。

## 四、中期检查的注意要点

### （一）提前做好中期检查准备

中期检查要在研究周期一半左右的时间点展开。作为过程管理的主要一环，中期检查不是可有可无的。课题组所在单位、各县区教科研管理部门应主动安排，积极协调，必要时要对自己辖区内所有的各级课题进行总体计划和安排。课题检查要有充足的时间，避免因课题繁多、时间不足而使检查过于仓促，达不到预期的检查目的。

各课题组主要研究人员应预先做好充分准备，对照课题申请书、科研计划任务书或开题论证报告认真收集材料，特别是课题的实施情况、人员配置、已完成的工作量、待完成的工作量、遇到的主要困难和问题等方面的情况，有经费的课题还要对经费管理与使用加以核定。准备工作完成后，课题组要主动组织好检查工作，邀请专家和有关人员参加。

### （二）重视专家的学术指导作用

科研工作中，学术性的指导作用是不容忽视的。为使课题可以更好地继续实施并按时完成，课题组在邀请专家时，要慎重选择有学术水平和指导能力的人，避免一些自身尚无课题研究经历的人作为专家滥竽充数。同时，要尽量请外单位的专家，以使指导结论更加客观和有建设性。在检查过程中应充分发挥专家的作用，请其对课题研究内容和项目实施中的问题给予学术上的指导，课题研究人员要虚心听取专家各种建设性的意见，及时修正和调整课题研究的方向和内容。

附：中期检查报告案例

申报编号：略

课题编号：略

# 湖南省教育科学规划课题中期检查报告书

| 课题名称 | 《新时代普通中学管理者文化建设研究》 ||||||
|---|---|---|---|---|---|---|
| 主持人姓名 | 略 |||| 单位 | 略 |
| 联系电话 | 略 ||| 电子邮箱 | 略 ||
| 课题组主要成员（根据前期研究贡献大小填写） | 姓名 | 性别 | 年龄 | 职称/职务 | 工作单位及部门 | 承担的研究任务 |
| ^ | 略 | 略 | 略 | 略 | 略 | 子课题总体设计、组织策划、协调实施 |
| ^ | 略 | 略 | 略 | 略 | 略 | 子课题总体设计、组织策划、协调实施 |
| ^ | 略 | 略 | 略 | 略 | 略 | 子课题总体设计、组织策划、协调实施 |
| ^ | 略 | 略 | 略 | 略 | 略 | 子课题总体设计、组织策划、协调实施 |
| ^ | 略 | 略 | 略 | 略 | 略 | 课题具体实施 |
| ^ | 略 | 略 | 略 | 略 | 略 | 课题具体实施 |
| ^ | 略 | 略 | 略 | 略 | 略 | 课题具体实施 |
| ^ | 略 | 略 | 略 | 略 | 略 | 课题具体实施 |
| ^ | 略 | 略 | 略 | 略 | 略 | 课题具体实施 |
| ^ | 略 | 略 | 略 | 略 | 略 | 课题具体实施 |
| ^ | 略 | 略 | 略 | 略 | 略 | 课题具体实施 |
| ^ | 略 | 略 | 略 | 略 | 略 | 课题具体实施 |
| ^ | 略 | 略 | 略 | 略 | 略 | 课题具体实施 |
| ^ | 略 | 略 | 略 | 略 | 略 | 课题具体实施 |

续表

| | |
|---|---|
| 开展的主要研究活动 | 在全面深化改革的新时期，学校文化建设作为提升学校核心发展力的一种有效途径，越来越受到以校长为核心的学校管理团队的高度关注。在当前教育改革的新形势下，校长带领管理团队如何基于学校的实际状况，将办学思想通过强化内部管理，优化外部运行，通过"打造一支优秀的核心管理队伍，规划一个理念先进的顶层设计，构建一所与时俱进的校园布局，建立一套完善的管理制度，形成一种高效的管理模式"，进而完成"文化立校"的历史使命，越来越成为众校之需、时代所向。尤其在新的时代背景下，选好、用好、管好干部迫在眉睫。强化这一"关键少数"在学校育人环境中的"头雁效应"，不仅对学校文化建设起着带动、示范、引领、传扬的重要作用，同时对学校领导干部的学习力、执行力、协调力、凝聚力的形成具有重大的影响。<br>位列湖南省基础教育界第一阵营的"翁光龙名校长工作室"，成员分别来自长沙市不同类型的中学，均具有丰富的管理经验，凝聚他们的力量共同开展学校管理者文化建设研究，将管理者本身既作为研究者又作为研究对象，分别从管理者精神文化建设、管理者物质文化建设、管理者制度文化建设、管理者行为文化建设四个方面，进行现状、对策以及实践研究，摆脱中小学文化管理的困境，进而推动长沙市乃至湖南省中小学管理者文化建设的整体优化。截至2020年3月，课题组主要开展的研究活动如下：<br>一是查阅了最新文献综述，检索与本课题密切相关的研究现状。课题立项后，课题组查阅了大量相关论文和著作并将重要参考文献编辑成册，组织全体成员进行理论学习。如：杨志芳校长发表在《中小学校长》杂志上的《试论中学管理者行为文化的影响因素及优化策略》一文，是为数不多的进行中学管理者文化研究的文章，对课题实施有很大的启示；如丰蕾、任建华发表在《高校管理》杂志上的《校长文化研究》，姚慧珍发表在《现代教育》杂志上的《浅议学校管理者参与学校文化建设》，张旭发表在《教书育人·校长参考》杂志上的《加强学校文化建设推动学校文化管理》等，均为四个子课题的实施提供了借鉴参考。<br>在此基础上，结合不同学者对文化内涵的表述和理解，将学校管理者文化这一概念的内涵进行了提炼，并将其与其他相关概念进行辨析，进一步凸显管理者文化建设的理论价值。<br>二是结合文献研究的成果，开展问卷调查。课题组通过查阅大量的文献之后，自编《学校管理者文化建设问卷》，通过五点计分的方式，对不同类型、不同地域、不同职称的教师进行了调查，了解了普通中学管理者文化建设的现状，并提出了相应的对策。<br>三是结合问卷调查的结果，明晰了研究的路径。将总课题组分为管理者精神文化研究、管理者物质文化研究、管理者制度文化研究、管理者行为文化研究四个小组，由"翁光龙名校长工作室"四位名校长牵头，分别负责课题的组织实施。并通过交流经验，实地考察等形式修改、补充、完善实施方案，调整研究的内容和方法，扎实开展实践探索。 |

续表

| | |
|---|---|
| 初步形成的重要研究观点 | 1. 管理者精神文化建设是学校管理者文化建设的核心。它与学校文化以及学校管理文化之间既相互联系又有本质上的区别。<br>2. 通过问卷调查我们发现学校管理者文化建设的认同度普遍较高。这一结果表明，在新时代背景下，各学校均重视"文化立校"，领导干部都在自上而下地加强作风建设，努力营造良好的文化氛围，以形成良好的示范效应，促使教师对学校管理者文化产生高度认同。<br>3. 学校管理者文化建设存在不同程度的差异。其中初中学段、城市地区、民办学校教师对学校的管理者文化认可度更高。良好的管理者文化建设能在一定程度上提高办学实效，而办学实效又能够使师生更加认同本校的管理者文化。<br>4. 学校管理者文化建设兼具时代性和特色性。各学校的办学理念、办学目标、办学特色等各不相同，故每所学校制定与践行的"工作愿景""育人目标"都彰显出各自的特色。 |
| 已上传系统的主要阶段性成果 | 1.《学校管理者文化建设问卷》（自编）<br>2.《新时代学校管理者文化构建的现状及策略探析》（论文已发表）<br>3.《学校文化的传承》（工作室内部刊物） |
| 经费筹措与使用情况 | 本课题是省级重点资助课题，省里下拨经费3万，主持人单位长沙市周南中学。经费按照1∶1的比例配套3万。目前主要用于专家指导费用、工作室图书购买。经费按课题管理办法要求专款专用。 |
| 存在问题及下阶段打算 | 各子课题的研究工作缺乏共融共享，实践探索缺乏经验总结和理论提升。<br>下段时间，各子课题组一是针对课题组要解决的核心问题抓紧研究。按照课题设计内容分工，各核心成员要对自己研究的内容拿出初步的阶段性、框架性意见，另外比较成熟的阶段性成果，力争公开发表。二是课题组要利用"翁光龙名校长工作室"主题研修的平台，通过邀请专家、外出交流等形式，加强对四个子课题组的指导，促进课题组之间的交流沟通，有针对性地解决研究中出现的问题。 |
| 专家论证意见 | 专家一致认为本课题选题好、队伍好、基础好、思路好。<br>但在具体研究的过程中，概念要更精确、表述要更准确、任务要更明确，确保研究出实效。 |
| 重要变更 | 无 |
| 预定结题鉴定时间 | 2021年3月 |

# 第八章 教育科研成果的表述

## 第一节 教育科研成果表述的步骤

一项教育科研课题的研究工作按计划完成之后，需要对整个过程及其结果进行整理、分析、总结，用文字记录下来，即形成课题研究的书面材料。这种对教育科研成果进行文字加工的过程，就是教育科研课题成果的表述。它是教育科研课题研究的重要环节，直接影响着教育科研课题成果的交流和运用，也是课题结题的基本要求之一。课题成果表达的一般步骤如下：

### 一、提炼主题

主题是报告和论文的宗旨与灵魂，是作者说明事物、阐明道理所表现出来的基本思想和观点。精心地提炼出主题，是写好报告和论文的关键。主题要尽量提炼出该课题的创新观点，要努力使报告和论文的主题与研究之初所确定的主题保持基本一致。一般而言，提炼主题的方法有以下两种：

头脑风暴法。由美国BBDO广告公司的奥斯本首创，该方法主要由价值工程工作小组人员在正常融洽和不受任何限制的气氛中以会议形式进行讨论、座谈，打破常规，积极思考，畅所欲言，充分发表看法。采用头脑风暴法组织群体决策时，要集中有关专家召开专题会议，主持者以明确的方式向所有参与者阐明问题，说明会议的规则，尽力创造融洽轻松的会议气氛。主持者一般不发表意见，以免影响会议的自由气氛，由专家们"自由"提出尽可能多的方案。

逐级归纳法。根据自己的具体情况明确研究的类型，借助相应的文本框架把所得的材料进行排列组合。从事实资料出发逐级归纳出基本论点，甚至中心论点，从而透过现象揭示事物的本质和规律。

## 二、选择材料

无论是报告，还是论文，都需要用充分的事实材料说明问题，尤其是教育科研课题研究，运用所获取第一手材料支撑课题成果的相应观点十分重要。一般而言，选择材料的基本原则是：去伪存真，去粗取精，由此及彼，由表及里，用最有说服力的材料来论证主题。此外，材料的选择，还要注意详略得当、主次分明。

## 三、编拟提纲

编拟提纲的过程，实际上是整理思路的过程，围绕前面所得的逻辑顺序，构建报告和论文的主体框架，显示论证层次及论证方法。编拟提纲的程序，即从中心论点出发，到基本论点，再到下位论点，最后到资料，其关键在于厘清思路：一要明确中心思想，二要构思论证方法，三要考虑结构形式。首先搭起报告和论文的大框架，再考虑每个部分的层次结构，然后列出每个层次的段落要点和示例，最后将一些相关材料分配在各标题下以备用。

## 四、撰写初稿

在准备好充分的材料、巧妙的构思和拟定完整提纲的基础上，大胆地将自己最初的感受及有价值的东西写下来。常见的初稿写法有循序渐进法、分题单写法、先易后难法三种。具体而言，初稿有以下几点要求：

一要突出主题。要围绕主题来选择和组织材料。主题好比一根红线，把五彩缤纷的珍珠穿起来。

二要分清层次。报告和论文都要求结构严谨、层次分明、逻辑合理。层次之间要前后呼应、首尾一贯，形成一个完整的、严谨的逻辑结构。

三要明确要求。要做到观点鲜明、见解独到、材料充分、数据可靠，材料与观点相统一；要有富有特色的论据和合乎逻辑的论证、精当贴切、叙述和分析；要突出说理性、针对性、逻辑性，充分体现教育科研课题成果的创新性。

四要锤炼语言。要做到准确简练、明了清晰、文理通顺，具备可读性。

### 五、修改定稿

报告或论文写出来以后，要反复推敲，不断完善，特别是引用统计数据的报告或论文，一定要反复核实校对。否则，可能会因为一个数据或是一个小数点的误差而影响报告和论文的科学性和准确性。修改时，不但要对报告或论文的内容进行核实、补充、删改，还要对报告或论文的结构进行适当的调整。在修改完善的过程中，产生的灵感会促使我们不断进行反思，进一步明确研究意图和写作焦点，要反复推敲、力求完美。

## 第二节 教育科研课题研究报告的撰写

课题研究报告不同于其他报告，也不同于工作总结。它除了有内容结构的要求外，还有很高的质量要求。为此，撰写课题研究报告时，要下功夫、花力气，认真做好以下工作。

### 一、要正确处理好观点与材料之间的关系

课题研究报告撰写得好不好首先取决于研究工作做得好不好，即研究的课题是否有价值，理论上是否站得住脚，研究计划是否完善周密，实际中收集的材料是否完整、简明、有用。为此，平时就要注意材料的积累，

全面收集与课题有关的资料并注意对材料的检验、筛选做中肯的理论分析，防止材料虚假和材料罗列。要从事实中引出观点，做到观点与材料、数据统计与文字表述的有机统一。

## 二、要突出研究方法与结果两部分重点

教育研究同其他研究一样，其研究价值也要以研究方法的科学性和结果的可靠性为条件。因此，课题研究报告要以研究方法和结果为重点。撰写结果时，表述要清楚，交代要具体，条理要分明，科学性、可行性要强。表述研究方法时，要在科学性、可靠性的前提下，尽量做到通俗生动，形象化，能吸引人、有说服力。要注意对有关材料的全面掌握和充分利用。撰写课题研究报告要重新熟悉课题研究领域内的相关情况，即他人研究的理论观点、成果、动态、方案和方法以及应用于实际后的问题和建议等，均可做参考。但不可受其束缚，被其左右，照搬他人研究的观点，人云亦云。要结合课题研究实际，为我所用。

研究结果分析是研究报告的重点。这是研究报告的主体部分。撰写时，要进行理性分析，用数据说话，以事实证明，使鉴定者感到你这个成果有科学性、有可信度。研究结果一定要有理性认识，否则，不能从理论上阐述自己的研究结果，导致成果缺乏理论支撑和学术品位。研究结果所形成的理性认识大致包括六个方面。一是对现状进行归因研究时的理性分析。二是在研究过程中所发现的教育教学规律。三是在研究过程中所创造的新教育教学模式。四是在研究过程中总结出的科学的、系统的、有效的教育教学方法（在总结教育教学方法时，要注意方法的系统性），也就是不要局限于"我是怎样做的"，而要从"应该怎样做"来进行归纳总结。五是进行对策研究时所提出的有效措施与对策。六是在研究过程中所形成的新理论、新观点、新见解、新认识、新做法，包括对调查数据的基本分析（调查所得的数据尽量以图表形式列出）以及调查所得的初步结论（力求图文并茂，定性与定量结合）、实验所得到的结果（列出实验前后的结果并进行比较）做差异性检验，对实验结果的初步分析，在实验过程中所

产生的其他效果等。

### 三、要确保研究报告的撰写水平和质量

课题研究报告撰写得好不好，与写作者的水平有很大关系。为此，研究者要不断提高自己的分析综合能力、逻辑思维能力和文字表达能力。当材料收集齐之后，要对材料进行取舍，由表及里、由此及彼、由浅入深地进行推理论证。然后在阅读有关材料的基础上，通过酝酿，拟好提纲，写出初稿再征求意见，反复推敲，修改定稿。要力求研究报告正确科学、主题突出、条理清楚、生动明确、语言流畅、可读性强，成为高水平高质量的科研论文。

为了确保课题研究报告的质量，应注意以下五点：

1. 预先整理好实验数据与素材

做好材料的选取。要选用最有价值的材料，与论题无关的材料、不能说明问题的材料要坚决去掉；确定正文材料和附件材料。做好材料的加工。调查数据、测试数据、实验数据等材料要采用教育统计的方法进行加工、提炼，使之条理化、规范化、系统化，才能从中找出规律，得到正确的结论。

2. 行文前先拟好三级提纲

提纲要思路清晰、层次分明、头尾连贯、符合逻辑、形成整体；提纲要经过反复讨论，减少行文时走弯路；不同的研究题目，文章的结构、格式、栏目可有差别，不要死套格式。

3. 研究报告一定紧扣主题

要围绕研究课题所涉及的研究对象、研究内容和研究目标来写，注意回答预定研究目标所设定的问题。

4. 突出创新性

教育科研的生命在于创新，包括教育理论的创新和教育实践的创新。创新与创造相关而不相同：创造是"无中生有"，创新是有中出新。从哲学高度看，创新是人的本质显现，人的本质是一切社会关系的总和，而社

会关系"是由这种自主活动创造出来的"。

5. 写成初稿后要反复修改

好文章不是写出来的，是改出来的。请专家或同行提修改意见（旁观者清），从多角度论证，减少失误。

## 四、课题研究报告撰写的常见误区

### （一）研究目标的表述含糊不清、模棱两可

研究目标即研究目的和意义，是课题研究的方向标[①]。简单地说，就是研究者为什么要研究，研究价值是什么，本研究要解决什么问题。一般情况下，教育科研课题是要解决学校教育教学问题，通常离不开两个方面的思考，要么是解决课程改革中遇到的实际问题，凸显课题研究的实践价值；要么是提出创新的理论观点或探索教育理论问题，突出课题研究的理论价值。作为研究者，首先要考虑的就是课题研究的价值所在，做到心中有数。

### （二）研究内容泛泛而谈，针对性不强

研究内容是为了达到研究目标所要解决的具体问题，就像一个个阶梯，是完成目标重要的桥梁。研究课题要通过研究内容来体现，研究内容必须准确体现研究课题。为此，研究的问题必须明确界定，既有宏观上的考察，又有具体、可操作的研究内容，文字表述要凝练、准确。简单地说，研究内容就是对研究目标的进一步分解，即"破题"。要将研究问题分解为一个个专题或子课题，并且要梳理清楚、层次分明、具有联系。只有这样，研究者在课题的实施过程中，才能做到有的放矢。

### （三）研究方法盲目堆砌，游离于研究内容之外

从目前的课题鉴定材料来看，一线教师对研究方法的确定和使用不是十分明确，出现的主要问题一是研究方法的选择不恰当，二是研究方法的名称简单罗列很多，却见不到实际运用。研究方法与内容、目标之间存在逻辑关

---

[①] 姚继琴.教师撰写课题研究报告的误区与解决策略[J].襄樊职业技术学院学报，2012（03）：105-108.

系，即研究目标决定研究内容、研究内容限制研究方法。教育科研课题是一种严密而规范的学术研究，必须以科学的方法来支撑。要针对问题选择匹配的方法，并将其实施于具体的研究中。撰写课题报告时，要阐述"你做了什么""你是怎么做的"，否则，给人的感觉会是研究模糊，缺乏可信度。要充分论述研究与实践的具体线索，分阶段说明研究了哪些问题，将时间、内容与方法糅合在一起，从而使研究报告的论述达到浑然一体。

### （四）研究成果与研究效果混为一谈

研究成果与研究效果是两个不同的概念。在研究报告的论述中，经常看到研究者对二者界定不清，将其混为一谈。为了保证课题研究的质量，一定要弄清二者之间的区别和联系。课题研究成果一方面是指高度概括出的理论成果，是探索出的具有理性思考价值的规律；另一方面是总结提炼出的解决教育问题的原理、方法、技术、途径、策略等，是具有一定实践指导意义的实践成果。课题研究效果是因变量符合研究者希望的变化，一是学生方面的变化，二是教师发展的效果，三是教学效果和教育质量的提高。课题研究成果的质量要用研究效果来验证。

### （五）将课题工作报告误认作课题研究报告

课题工作报告即研究工作总结，体现的是课题研究的足迹，包括课题研究的实施过程、调查问卷、观察表和数据的统计情况、学习培训活动小结、阶段性研究工作总结、课题研究过程中遇到的困惑及解决办法、教师发表的论文及学生取得的成果等。而课题研究报告是科研工作的高度概括和总结，是研究的最终结论和表现形式，需要严密的论证、清晰的逻辑推理，论点鲜明，论据充分。有些研究者把研究报告等同于工作报告，长篇大论，却见不到研究的理论观点和实际结论；还有的是把无关的材料堆砌在一起，没有经过整理和加工，导致课题研究的成果不能显性化，这些都会影响课题鉴定和成果推广。

# 第三节　教育科研论文的撰写

## 一、科研论文及其与议论文的区别

科研论文即学术论文，是对某一学科领域中的问题进行探讨、研究，并将形成的科学研究成果进行表述的文章，是科学研究的描述手段。科研论文应该提供新的研究成果，其内容应具有学术性、创造性、科学性，而不是重复、模仿、抄袭前人的成果。教育科学研究的成果——论文是教育科学研究工作全过程的缩影，是研究结果的文字记载。科研论文与议论文既有相同之处，又有本质区别。一是写作目的不同。议论文是就一般问题发表自己的意见，这种意见是个人看法的表达，一般不求被证明为科学真理；科研论文是就某一专业领域的学术问题发表研究者所取得的科研成果，作者的目的是希望自己的研究能够全面揭示或部分揭示科学真理。二是写作内容不同。一般议论文通常只讨论现实生活中的一般问题，写作内容较浅，通常没有学科专业性；科研论文主要从学科专业角度研究现实生活中的某类问题，研究内容较深，学科专业性较强。三是写作要求不同。议论文通常采用通俗语言写作，力求所有读者都能读懂；科研论文通常采用专业术语写作，一般只要求专业人员能读懂。四是论证方法和论证逻辑严密性不同。一般议论文的论证方法比较简单，通常只运用普通逻辑进行推理论证；科研论文往往采取多种方法并进或交叉论证，并更多地借助实验数据、统计数据作为论据进行论证，运用现代科技手段加以检验求证。

## 二、科研论文撰写的原则

论文写得不好，就不能正确、全面地反映研究结果，影响研究成果的价值。因此，论文的撰写是一个十分重要的问题。根据科学研究的性质，撰写科研论文应遵循以下原则：

### （一）思想性原则

思想性是指论文要明确反映作者的观点。教育科研论文属于论说文范畴。任何一篇论文都是围绕论证说明某一观点或某一事实而展开的，因此，要求观点鲜明，不能含糊。一篇好的论文不光要观点鲜明，还必须做到观点正确。其正确的标志是要符合教育规律，能促进教育科学的发展，能够运用马克思主义的立场、观点和方法去分析问题、解决问题。

### （二）科学性原则

科学性是指论文要遵循科学的原理和科学的规律。论文要能够正确地反映客观的教育教学实际；要有足够的具体材料、充分的理论依据和准确的、经过统计处理的实验数据；对研究中涉及他人的研究成果要实事求是地给予评价；要立论确凿，论述符合教育教学的基本原理，能揭示教育教学的客观规律。

### （三）创新性原则

创新性是指论文应反映新事实、新观点。创新性是教育科学研究的生命。一篇成功的论文必须反映作者独特的见解，必须在前人研究的基础上提出新观点、新理论、新方法，或开辟教育科研的新道路。作者必须在观点或方法上具有独到之处，不能人云亦云。

教育科学虽然古老久远，但随着社会的发展，仍然有很多领域需要我们去探索、研究、开发。我们进行教育科学研究，本身就是一种创造，就是要探索出能适应并促进社会发展、能适应并促进人发展的新的教育思想、教学途径、教学方法。因此，反映这种研究结果的论文必定会具有创造性。当然，在教育科学这一复杂多变的体系中，提出前人没有提出而又十分正确的观点、主张是不容易的，但并非我们就不能创新，论文有独到之处就是创新。

### （四）客观性原则

客观性是指论文要建立在客观事实基础上。任何教育科研论文都应从实际出发，尊重事实，坚持实事求是的原则；要排除一切主观因素的干扰，充分体现教育教学实践的真实性。例如，在撰写调查报告时，应将调查情况如实、全面地写出来。有的人只写符合自己观点的事实和数据，不符合自己观点的事实与数据就不列上去；有的人在实验研究中，随意修改设计，对不利于假设的数据不进行收集。这样的做法是不可取的，得出的结论也是不科学的、不可信的。

### （五）可读性原则

可读性是指论文要写得流畅，易读易懂。撰写教育科研论文的目的是要将教育研究的成果公之于世，要使教育科研成果能在更大范围内产生作用，推动教育教学改革，推动教育科学发展。因此，撰写论文时要尽可能用大家都能理解的语言，做到表达简单明了；文章应力求保持逻辑上和意义上的连贯；文字要简洁、优美和生动。有些人错误地认为，多引用那些从国外教育文献中翻译过来的晦涩的词句，能提高文章的理论性。殊不知，这样做会使文章难读、难懂，其价值也随之降低。还有些人以生造词语求得创新，使人不知所云。如此种种做法都是不可取的。

## 三、科研论文的内容与框架

科研论文可分为七类：研讨型论文、实证型论文、经验型论文、报告型论文、阐释型论文、评述型论文、综合型论文。无论哪一类学术论文，在形式规格上基本都遵循"绪论—本论—结论"的逻辑顺序。规范化的学术论文的框架，一般包括题目、内容摘要、序言、正文、结论与讨论、引文注释与参考文献七个部分。

### （一）题目

题目是对论文内容的高度概括，向读者说明研究的问题及意义。一个好的学术论文题目，一般应符合三个方面的要求：一是准确概括论文内容，二是文字简练，三是便于分类。论文题目特征词的使用一般是：理论性强的论文用"论……""……论"；经验型论文用"试论/浅论/略论……""浅谈/试探……""刍议……""……探微"；研讨型论文用"……现状/问题/思路/思考/对策/建议"；实证型论文用"……调查/实验/现状"，常与"分析/思考/对策/建议"等连用；评述型论文用"……综述/述评/评述/评析"；报告型论文用"……探索/实践/构建"；理论性强、篇幅较大的学术论文或研究报告用"……研究"。

### （二）内容摘要

摘要是对研究的主要内容与结构的简介，并略加评论。概括地说，摘要必须回答"研究什么""怎么研究""得到了什么结果""结果说明了什么"等问题。摘要为一篇独立的短文，应含有与原文同等量的主要信息，即要突出原文的主要观点；摘要不得重复标题中已有的信息，也不能把在引言中出现的内容写入摘要；摘要不能是正文的补充、注释或总结，不能对论文内容做诠释或评论，也不能进行自我评价；摘要应使用第三人称写法，不能使用"本文""作者"等做主语；摘要应力求句型简单，慎用长句。

### （三）序言

用于说明写作的目的、意图及研究方法。一般包括三个方面的内容：一是阐明研究的背景与动机，提出自己所要研究的问题；二是简介研究方法和有关研究手段；三是概述研究成果的理论意义与现实意义。

### （四）正文

正文是学术论文的主体部分，包括论点、论据、论证，是作者研究成果的表现，在整个论文中占据主要地位。根据论文内容的不同，论文中心论点包含几个分论点，每个分论点同属一级标题，称为一级标题。一级标题下的小标题称为二级标题，以此类推。论文的一级标题一般不超过7个，一般来说以3~5个为宜。论文标题层次的划分一般不宜超过四级。标题层次的表示方法有以下两种：

第一级标题——1.　　　　第一级标题——一、
第二级标题——1.1　　　　第二级标题——（一）
第三级标题——1.1.1　　　第三级标题——1.
第四级标题——1.1.1.1　　 第四级标题——（1）

### （五）结论与讨论

结语是对论文内容的归纳和总结，将研究成果进行更高层次的精确概括，应该准确、完整、精练，起到前呼后应、画龙点睛的作用。讨论是从理论上对研究结果的含义与意义进行分析、解释与评价。

### （六）引文注释与参考文献

引文是指作者为了说明自己的观点而对别人的论著或相关材料中的句子或段落的引用。引文要求引用的文字或话语必须与论题有关，原则上应该是引用最新的文献；所引文字或话语必须经过严格选择、认真核对，做到准确无误；引用外文资料一般要译成中文；凡是没有公开发表的文献资料，一般不能引用。引文注释必须注明出处。文中的参考文献，依照引用的先后顺序用阿拉伯数字加方括号在引用处的右上角标出，并在文章末尾按照引用的先后顺序标注出参考文献的作者姓名、引用文标题、文献中的页码、出版单位、出版日期。关于参考文献的排列格式，一般参照国家标准《文后参考文献著录规则》（GB7714–2015）。

附：研究报告案例

# 《创新创业背景下地方本科院校教师胜任力模型构建研究》研究报告目录

一、问题提出

二、研究综述

三、研究意义

四、理论依据

五、研究目标

六、研究内容

七、研究方法

八、研究过程和措施

九、研究结论及分析

十、课题研究的成果及反响

十一、问题讨论

十二、参考文献

课题类别：湖南省教育科学"十三五"规划2018年度省级重点课题

课题批准号：略

学科分类：高等教育

课题负责人：略

主要成员：略

## 一、问题提出

全党全国统筹推进"五位一体"总体布局和协调推进"四个全面"战略布局，着力实施创新驱动、建设世界科技强国、建设中国制造强国、"一带一路"倡议建设等战略任务，朝着实现中华民族伟大复兴的中国梦和"两个一百年"奋斗目标阔步迈进。要实现上述一系列宏伟目标，关键在人才，基础在教育，根本在教师。学习好、贯彻好总书记重要讲话精神，努力建设一支师德高尚、业务精湛、结构合理、充满活力的高素质专业化教师队伍。

截至2016年5月30日，全国高等学校共计2879所，其中：普通高等学校2595所（含独立学院266所），成人高等学校284所。教育部教师工作司司长王定华在2016年8月31日召开的新闻发布会上透露，截至2015年，全国51万所各级各类学校共有专任教师1539万人，中青年教师已成为中小学和高校教师的主体。其中，高校教师中45岁以下者占71%。高学历教师比例增加。

哈佛大学最近发布一篇名为"It s easier to pick a good teacher than to train one"（挑选一个好老师比培训一个更容易）的学术论文，论文囊括了一项针对佛罗里达州在职的46257名教师展开的"教师效能"（teacher effectiveness）的研究。发现职业培训对教师效能的提升并没有太大的作用，研究得出结论：识别好的教学方法要比通过培训系统增加教师资质容易得多。概括起来，好教师似乎真的是天生的。

本课题当中的本科院校教师，指的是首次进入高等教育机构，从事教学与科研工作，年龄一般在40岁以下，没有评定职称或者获得初级学术职称（助教、讲师）的青年学者。

标准本来的含义是"目的"，也就是"标靶"。其后由于标靶本身的特性，衍生出一个"如何与其他事物区别的规则"的意思。其中包含可以用来为某一范围内的活动及其结果制定规则、导则或特性定义的技术规范或者其他精确准则。

教学型高校是指以本科教育为主体的全日制大学。它以招收本科层次的学生为主体，主要履行人才培养和教育教学研究的职能，培养高水平技能型人才（高级专门人才）和高级研究型后备人才，拥有学士学位授予权和少量的硕士学位授予权，可招收一定数量的专科生，与研究型大学相比，我国的教学型大学具有自己鲜明的个性特征，突出表现在：以本科教育为主体；主要承担高等教育大众化的任务，社会适应性强；重视复合型人才的培养；区域化优势明显；办学效益显著。

研究问题如下：

一是：教学型高校教师选聘考核标准缺乏操作性。现阶段高校教师选聘考核标准，对具体考核指标的界定不够准确，缺乏可操作性，所使用的考核方法不能反映教师工作内容的复杂性和多变性，教学本身是艺术，如水无形，故教学型大学之教师招聘标准应该是一种"活态"的研究，选聘标准应有固定动作与自选动作相结合的多元化评价趋势。

二是：评价指标缺乏独立性和代表性。教学型高校教师选聘考核指标中存在较高的交叉性和重复性，从而使得指标缺乏独立性和代表性，因此，在对教师选聘考核中应该多方进行论证和分析，选择那些具有较大差异性且和教学、教研考核、交往学生、师德等相关性较大的指标。

## 二、研究综述

就申请者视野所及，宏观方面，国外研究者把大学教师看作是一种"从事学术的职业"。但对大学教师的聘用制度少有系统的研究。大学教师的聘用从操作层面看，更多是院校自身的实践性事务。在已有著作中，对大学教师职业的论述主要有两种取向，一是从国别的角度，论述某个国家的大学教师职业。代表性著作：黑尔塞和马丁·特罗的《英国的学术界》，该书从社会学的视角对英国大学教师职业进行了综合性的论述。飞利浦·阿特巴赫在《比较高等教育：知识、大学与发展》中，从比较的角度对美国的大学教授职业进行了研究。二是对大学教师职业的综合性研究。拉什德尔和哈斯金斯在对中世纪欧洲大学教师职业的系统研究中发现，研究的内容主要是职业本身，对聘用制度的研究不多。

国外对大学教师选聘制度的研究中，美国学者研究成果的涉及面比较宽，也较深入。20世纪的美国大学在吸收德国大学将科学研究作为大学职能之一的同时，通过"威斯康星"理念的确立和传播，创造性赋予大学社会服务的新职能，同时，由于美国分权型的高等教育管理体制，使得美国大学逐步形成了竞争性的态势。二战以后美国高等教育大发展面临着大众化和普及化的挑战，大学教师职业与大学一样，不断地被重新理解和审视，高等教育多元化发展的现实为教师选任制度的研究提供了丰富的实践素材。20世纪60年代以来，对大学教师职业的研究逐步从宏观地对大学教师的探讨转向了对教师招募、续聘、晋升、终身制，以及于教师行为、态度、价值观等中微观领域的研究。西方现代大学一般都拥有实施教师聘任制的传统，尽管20世纪早期一些学者收集了有限的几所院校有关教师教育背景和雇佣问题的数据资料（Haggerty，1937），但是直到1942年洛根·威尔逊出版了《学术人》之后，学者们才开始专注于研究包括教师聘任制度在内的相对复杂的学术生活等领域，相对于其他国家，美国这方面的文献相对丰富和深入。在大学教师聘用制度上，美国院校研究学会是开展此项研究的重要力量。20世纪70年代以来，美国院校研究学会对大学教师聘用制度的研究主要集中在对制度本身的反思和如何完善制度的探讨上，研究的主要内容包括：教师计划与政策研究；教师的招聘、保持与发展研究；教师工资模式研究；终身教授制度研究；教师工作绩效的测量与评价研究；提高学术生产力研究；基于劳动关系的集体谈判研究；教师聘用中的平等问题研究（如男女平等、种族平等、初级和高级教师平等）；等等。

微观层次，2006年，美国学者詹姆斯与杰尼夫出版著作《教师素质索引》，这本著作堪称甄选教师的调查书。书中，研究者就教师素质以及教师甄选进行了理论的探讨，并对甄选教师所经历的每个阶段，进行了详细而周全的实证研究，为大学教师的甄选提供了非常实用的技术支持，也体现了大学教师所应具备的基本素质与教学技巧与能力。

| 名称 | 胜任力特征指标 |
| --- | --- |
| 美国专业教学标准委员会不同学科层次专业教学标准中共同部分 | （1）能基于对学生身心发展的理解，建立良好的师生关系<br>（2）能驾驭学科知识，将其与其他学科融通<br>（3）能选择、使用丰富多样的教学资源<br>（4）能为学生创造充满关爱的、令人鼓舞的、安全的学习环境<br>（5）能帮助学生面对具有挑战性的学习，从而有目的地提高学生的能力<br>（6）能在多元社会尊重多元价值并教会学生平等地对待每个人<br>（7）能运用多种方法帮助学生掌握知识并加强对知识的理解<br>（8）能培养学生的自我意识、人格、社会责任感及懂得尊重他人<br>（9）能运用多种评价手段获取反馈信息，并及时调整教学促进学生进步<br>（10）能经常有规律地分析、评价及强化教学实践的效果与质量<br>（11）能与家长配合做好学生的教育工作，实现共同的教育目标<br>（12）能与其他教师合作共同促进学校的发展以及提升专业实践 |
| 法国教师能力标准 | （1）教师知道如何让不同学生懂得学习的意义<br>（2）教师应能测评教育和教学行为具体的社会作用<br>（3）教师应晓得教育行为对学生的持续影响，并能促进学生学级过渡<br>（4）教师应接受合作精神的培训，并能与社会各界进行伙伴合作<br>（5）教师应该了解其所教学科<br>（6）教师应该会建构教与学的情境<br>（7）教师会对课堂进行引导<br>（8）教师应了解学校及学生的特征与结构、资源与限制、运作规则，并了解学校运作和评估标准的意义和局限<br>（9）教师能与同事一起制订和实施由学校行政委员会确定的学校计划<br>（10）教师能与共同体其他成员一起探究教学问题，以期达到某种和谐<br>（11）教师要清楚学校里每个人扮演的角色<br>（12）教师要了解自己在不同的决策和协调机构中的责任<br>（13）教师要认识到学校内部规则的重要性，并能让学生理解其中的意义<br>（14）教师能与家长建立良好关系，并能与他们协作教育孩子<br>（15）教师能与其他教育人员一起参与对学生的学业跟踪与指导<br>（16）教师能与校外伙伴建立联系，从他们身上找到教学的资源和支持 |

高校教师胜任力的相关研究。高校教师胜任力是指在教育教学、研究开发、服务经济社会等实现高等教育社会功能活动中所具备的能显著区分优秀绩效和一般绩效的知识、能力和行为特征。具体分为教师个体层面和教学科研团体层面。

我国学者通过多种方法初步构建了高校教师胜任力模型。王昱等通过问卷调查,从个性心理品质的角度对高校教师胜任力模型进行了初步研究,并认为教师胜任力模型由创新能力、人际理解力、责任心、关系建立、思维能力构成。胡晓军采用层次分析法对胜任力理论进行了定量研究,确定了知识素质、能力素质和人格素质三个大类的高校教师胜任力模型。任嵘嵘等对120余名学生和老师进行问卷调查,建立了河北省高校教学型教师的胜任模型,包括专业能力、驱动能力与个人成熟三个维度。姚蓉采用问卷调查法和统计方法,包括探索性因素分析和验证性因素分析,构建了湖南省高校教师胜任力模型,其包含个性特征、发展特征、教学态度、教学技能、专业技能、关注学生、人际沟通七个因素。汤舒俊等采用行为事件访谈法来确定高校教师的胜任力特征,并据此形成胜任力调查问卷,通过小样本调查并对数据进行探索性因素分析,提出胜任力可归为四个因子——人格魅力、学生导向、教学水平和科研能力,验证性因素分析表明该模型拟合良好。高校教师胜任力指标体系的构建必须体现简洁、操作性强、适用性优等特点,方可进一步推广使用。吴树雄从高校教师专业发展角度分为三个指标体系:准入资格评价指标、专业水平评价指标和健康水平评价指标。冯君莹从胜任力结构的角度把其分为两个部分,即外显指标和内隐指标。其中,外显指标包括教育背景、知识结构、工作经验、绩效和工作状况等,内隐指标包括道德品质、人际关系能力、学习能力、创新能力等。

刘叶云和李雪基于高校教师的社会责任构建了高校教师胜任力评价指标体系。采用三级指标的评价体系,一级指标由知识、技能、态度和个性动机构成。最外层的是知识和技能,中间层是态度,最核心的层面是个性动机。二级指标是对一级指标的具体化。三级指标给予构成前两个指标的每个指标相应的权重。

关于我国高校教师胜任力研究的展望。研究方法上定性与定量相结合。当前胜任力模型的研究多以定性研究为主,近两年定量研究开始发展,从教师胜任力的定义而言,应该采取定量和定性结合的方式,确定教师胜任力的定义和教师胜任力的模型构建。同时,教师胜任力模型涉及心理学、教育学、管理学等多个学科和领域,在研究中应当综合运用多种理

第八章　教育科研成果的表述

论和方法，进一步提高教师胜任力模型的科学性和适用性。

研究对象上做到宏观和微观相结合。我国高校类型较多，按照教育部关于学科门类的划分，可将大学分为文、理、医、工等多种类型；以科研规模为标准，又有科研型和教学型之分；考虑到市场化程度的差别，有公立和民办高校之分。整体上看，对我国高等院校的分型观点众多，且未达成共识。所以对高校教师胜任力模型的构建，必须充分考虑不同院校类型的实际情况，分门别类地进行深入研究。

理论模型构建中做到研究和应用相结合。当前我国高校教师胜任力模型的研究还处于起步阶段，尚未达到成熟的可应用层面。而国外院校和企业在该领域的研究和应用已相对成熟。在今后的教育实践过程中，应结合我国高校的实际情况，参照国外成熟的理念和方法，以理论研究为依据，推进高校人事工作发展，促使其从传统人事管理向现代人力资源管理方向转型。同时，要注意研究实践过程中的新情况、新问题，促进理论模型的不断丰富和完善。

高校教师素质相关研究。中国期刊全文数据库中以"高校教师素质"为主题的论文有4658篇，以"高校教师素质"为关键词的论文558篇。说明有关高校教师素质的问题逐渐被学术界重视，也说明对高校教师素质的要求随着时代的变革而不断变化着。

高校教师究竟应该具备什么样的素质？研究角度不同，结论不同。其一，局部与整体的关系视角。研究者就局部进行探讨——教师素质结构。这一分支可归类为要素分析。要素分析认为教师素质由一系列要素构成，较为典型的有三要素，德、智、体；四要素，思想道德、科学素质、心理素质、身体素质；五要素，政治素质、品质素质、专业素质、文化素质、身体素质；八要素，政治素质、道德素质、法律素质、智能素质、创造素质、交往素质、心理素质、审美素质；还有十要素：政治、思想、道德、法律、专业、科技、人文、能力、心理、身体素质。其二，有研究者将教师素质看成一个系统而动态的整体体系。具有代表意义的是：夏宣玉认为教师素质是由动力系统——包括思想素质、政治素养以及良好的职业道德构成；知识系统——知识素质以及良好的知识结构；能力系统——认知能

171

力、自我修养能力、实践能力；支撑系统——身体素质、心理素质以及审美素质。

另外一个视角是从实证与理论的层面对教师素质进行探讨。朱旭东（2010）教授撰文《教师教育标准体系的建立：未来教师教育的方向》，指出我国未来教师教育发展需要建立教师质量建设中各个环节的标准。他指出，从入职环节看，教师资格考试、教师资格执照证书保障教师入职质量。王立国通过实际调查和理论分析明确教师专业发展素质标准中存在的问题，确立教师专业发展的素质标准，并提出了建设性建议和解决问题的策略。研究者对好教师的标准以及优秀教师的心理特征和教师的素质现状都有实证研究；在教师素质理论分析方面，林崇德等认为教师的素质在结构上包括职业理想、知识水平、教育观念、教学监控能力及教学行为与策略。随后又指出从职业道德、职务奉献、助人合作、教学效能、教学价值及师生互动六个方面进行教师绩效评价研究。

高校教师选聘标准国家法规政策相关研究。在国家政策层面上，国家中长期教育改革和发展纲要（2010—2020年）明确指出："建设高素质教师队伍。教育大计，教师为本。有好的教师，才有好的教育。提高教师地位，维护教师权益，改善教师待遇，使教师成为受人尊重的职业。严格教师资质，提升教师素质，努力造就一支师德高尚、业务精湛、结构合理、充满活力的高素质专业化教师队伍。"教育部改革与发展纲要中明确了选聘教师的标准为：师德高尚、教学业务精湛、师资队伍结构合理、充满活力以及激情的高素质专业化教师队伍。分析其关键维度有：师德、业务、结构、状态、素质。中长期教育改革和纲要还指出：加强教师职业理想和职业道德教育，增强广大教师教书育人的责任感和使命感。教师要关爱学生，严谨笃学，淡泊名利，自尊自律，以人格魅力和学识魅力教育感染学生，做学生健康成长的指导者和引路人。将师德表现作为教师考核、聘任（聘用）和评价的首要内容。

人才选聘标准相关研究。与此类似的，肖鸣政教授撰写的《党政领导人才评价标准问题研究》一文中，对党政领导干部的选拔培养标准进行了研究，他指出古代标准内容的特点是德才并举、以德为先；新中国标准内容的特点是德才兼备、政治素质过硬；西方党政领导人才评价标准的特点是素质一流、强调忠诚。认为在党政领导人才评价标准体系中，至少包括选拔标准、培养标准与任用标准三种形式，应该采取工作分析、素质分析、个案分析与角色分析等方法来研究党政领导人才的标准内容，并从政治、品德、能力、生理与心理基础五个方面，初步建构了党政领导人才评价标准的维度。中国古代对于掌握国计民生大权的各级官员的任用与选拔，有许多明确的标准。从某种意义上来讲，与如今的党政领导人才评价标准的内容十分相似。其特点即德才并举、以德为先。《周礼·地官司徒》中记载，殷周时期对官员以及人才的考察，主要是"考其德行，察其道艺"。

综合国内外研究现状可知，目前对教师胜任力的研究没有对不同层次和结构的教师进行更细致的研究，在对高校教师胜任力评价体系的研究中没有找准教师，尤其是高校教师在社会转型期间在社会发展中的角色与定位，没有从高校教师选聘规律、大学理念、社会需求等更高的角度来对高校教师胜任标准提出要求。

另外，大多数学者注重别国的经验，为我国的大学教师招募也提供了新的视域，这些研究都是值得肯定的，但是对于本土适应性，如何适应，借鉴原因，借鉴必要性的研究也很少见，国土之大，南北高校有异同，地区高校又不同，高校性质还有不同，如何借鉴国外大学教师招募与甄选的方法，是值得研究者重新思考的地方。

### 三、研究意义

1. 理论意义

借鉴传统人力资源理论，针对大学——特殊的机构组织，以学术性为特点，全面认识学术职业，现代人力资源管理理论建立在人性假设基础之上，传统人力资源管理理论关于人性的假设缺乏对大学教师同时作为学术人以及社会人这一角色特征的有效审查，研究基本假设是：大学教师之间是具有同质性的，其精神脉搏以及文化特质是共同的；并尝试提出大学教师选聘之元理论：教师本身，教师之间的关系，教师与该大学环境相对的关系。

2．现实意义

（1）"双一流"建设背景下，人才的竞争将是学科建设以及一流高校建设的关键，然而教师是大学的新鲜血液。

（2）高校特殊性。我国高校教师的选聘标准一直没有合理定位，高校教师的更须选聘"智慧"，教师教学资历浅，行业经验缺失，学术成果还不明显，教学有潜力、教研有激情、愿意与学生交往，并热爱教学的教师更加需要客观的指标体系进行保障。

（3）选聘指标体系的研究有利于将理论与实践相结合。在选聘实践当中，并非千篇一律，贴近高校特征之针对性的选聘指标，拥有实际可操作之实施路径。

## 四、理论依据

一是依据马克思主义关于人的全面发展的学说；二是人力资源相关理论，本研究在传统的人力资源理论的基础上，针对大学这一特殊的机构组织，根据其学术性等特点，寻求其独特的人力资源相关的理论；三是理论应用创新，在理论上突破性地提出了高校选聘教师的元理论：即教师本身、教师之间的关系、教师与该大学环境相对的关系。

高校教师的选聘价值追求归根溯源包含三个层次的关系：人与自己，即应聘者自身的状况；人与人，应聘者与整个团队人员的相处；人与环境，即人与学校氛围、周边环境的相适。三个关系处理之价值取向，从而形成了选聘标准的价值追求。

| 维　度 | 一级指标 | 相关说明 |
| --- | --- | --- |
| 理念维度 | 高校理念 | 此维度指标主要解决教师与周遭大环境之间的问题，契合与互相吻合程度 |
|  | 学科发展规划 |  |
|  | 学院规划 |  |

| 维　度 | 一级指标 | 相关说明 |
|---|---|---|
| 个人维度 | 教学标准 | 此维度指标主要关照教师与相关他人互动之中的关系 |
| | 科研标准 | |
| | 个人态度（师德） | |
| 知识维度 | 个性动机 | 此维度指标主要考查教师自身素质以及动机方面的问题 |
| | 技能技巧 | |
| | 知识体系 | |

选聘标准如树，有树根、树干、树枝、树叶；树叶当中又有叶脉、叶绿素、叶细胞；这样生动地描述出来选聘标准体系的骨骼，指标体系提纲挈领，全息高校文化精髓；将先进的人力资源理论、教育教学原理的"密码"，编入选聘标准体系当中，让指标指挥着选聘的方向，形成无形的"手"，如下图所示。

## 五、研究目标

本研究拟从问题本身出发，寻求解决的方法，以理论与实证相结合的方法进行研究，期望能发展相关理论，并解决部分实际问题。本研究将在"双一流"建设背景下，依据教学型高校的特点，厘清学术职业人之特点及精神特质，形成特色鲜明的接地气的教学型高校教师选聘标准，并探索出切实可行的实施路径，乃至评价体系，使得选聘标准可具体应用于实践之中。

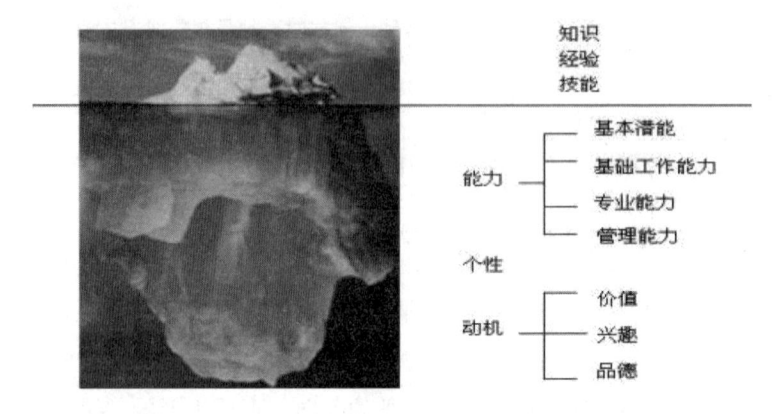

## 六、研究内容

1. 本研究建立适合高校教师选聘之指标体系，以过往的研究内容为基础，融合教育教学原理，以及理想之高校教师的"相"为目标，勾勒出教师选聘之一级指标、二级指标。指标即理论的"相"，指标即表征，诠释着相关的教育理论，诠释着高校管理者的思考，诠释着教育理念。

2. 高校教师选聘考核评价指标体系构建及指标权重的确定。第一，高校教师选聘指标体系的构建；第二，高校教师选聘考核指标的权重确定；第三，高校教师选聘考核评价方法。

3. 本研究厘清并依据高校的特点，厘清学术职业人之特点及精神特质，形成特色鲜明的接地气的高校教师选聘指标体系，并探索出切实可行的实施路径，乃至指标评价体系，使得指标体系可具体应用于实践之中。

## 七、研究方法

1. 调查研究法

调查研究法可细分为：问卷调查法，采用问卷调查的方式进行，即对被考察教师的同学、导师和其所授课的学生分别进行问卷调查。访谈分析法，将重点选择普通高等院校领导、人事处有关负责人、院系领导和普通年轻新进教师，针对不同人群选择若干略有差异的问题进行开放式的访谈。

成分分析。本研究拟采用层次分析法对问卷收集回来的指标体系赋分，将一级指标、二级指标对应的权重计算出来，以方便在实际运用当中，可依据权重测算出每一位应聘者的实际得分，从而帮助决策。

2. 理论建模法

根据高校人力资源相关先前研究成果，建立指标体系，并将各类指标权重比例研讨，实际调研。

3. 比较研究法

比较研究国内外普通高等院校教师选聘工作，尤其关注国外高校选聘指标体系相关研究，学习国外优点，建立国内普通高等院校教师选聘指标体系。

4. 文献研究法

收集并查阅各个学科相关文献，从各个学科不同的角度来分析和看待大学教师的选聘问题。收集教师选聘评价方法、人力资源选聘理论，指标建构方法论文献。

## 八、研究过程和措施

### （一）组织了外出观摩

为了进一步开阔课题组成员的视野，认真学习各种先进经验，从而为课题研究奠定基础，课题组积极采取"走出去"的措施，先后三次组织外出考察学习活动。2018年下半年，在学院领导的带领下，全体课题组成员赴湖南师范大学进行了为期两天的考察学习。2019年，学校组织全体课题组成员赴湖南农业大学考察学习。学习期间，课题组全体成员深入了解了教师选聘等各方面工作，听取了学校人事部门工作人员的意见，在返校后对课题的情况进行深入的思考和研究，写出考察报告，并举行了考察学习报告会。

### （二）举办了科研讲座

为了提高课题组成员的理论水平，课题组积极采取"请进来"的措施，课题组先后邀请×××教授、×××教授、×××教授到我校进行科研讲座。此外，湖南省教育科学研究院李小球主任受邀到我校做了教育科研专题讲座。

### （三）印发了学习资料

为了让课题组成员进一步加强理论学习，提高理论素养，课题组一方面精选相关理论文章，先后编印了五大本学习资料，共收录高质量论文80余篇，课题组成员人手一份；另一方面课题组购置了大量的理论书籍，以供课题组成员借阅学习。在认真学习的基础上，课题组还定期举办了学习交流活动，为课题组成员的学习交流提供平台，为课题研究奠定坚实的理论基础。

### （四）开展了专题研讨

开题以来，课题组先后组织了九次大型的专题研讨。专题研讨的内容充实，形式多样，为课题研究的顺利进行提供了重要保障。

### （五）进行了成果把关

课题组的阶段性成果由期刊编辑严格把关，已发表相关论文共四篇；最终成果是研究报告《"双一流"建设背景下教学型高校教师选聘指标体系研究》。对最终成果进行了三层把关：实践层面由学校领导把关；理论层面由师大教授把关；政策层面拟请校人事处把关。

## 九、研究结论及分析

高校教师的选聘标准分为三个层次，分别为宏观、中观、微观三个大的层次，宏观层次又分为三个维度：高校理念、学科发展规划、系部规划。中观层次分为三个维度：教学标准、科研标准、个人态度（师德层面。微观层次分为个性动机、技能技巧、知识体系。三个层次考虑的是高校青年教师选聘标准的三层含义。将高校教师选聘的标准分为三个层次，所谓一分为三，三是一个稳定的结构，宏观层面考虑到选聘工作，以及选聘不是一个单一的行为，一所高校做出的选聘行为，其含义是深远而绵长的，高校理念指的是一所高校的基本哲学，其人才的发展以及招聘是围绕大的理念来进行的,应用型的高校选聘教师,应更加注重应用型人才的选聘,或者注重选聘一位综合能力强、应用技能优的人才;其次是学科发展规划,比如研究者所在的学院是一所以学前教育学科为中心、其他学科协调发展的学院,其教师选聘工作势必应以主学科为优先,或者其他学科招聘师资的时候,应考虑到人才知识结构、专业素质是否可能服务主学科的发展,以整合更大、更强的学科队伍;再者是系部发展规划,各个系部提出用人要求时,以及学院考察各系部师资情况,做出进人决定时,不能忽略系部规划这一标准,再好再强的人才,如果摆错了位置,进到了不适合的地方,或者与系部规划不对路的人,那么整个队伍的方向就"乱"了,难于形成合力,团队之互补效应将难以形成。在中观层面,尤其注重高校教师身份的考察,首先提出的是教学标准,耶鲁大学教授有句口头禅:课比天大。以育人为本,课比天大,学校工作中,教学是最大的任务,课比天大的提法实质是体现了通过教学优先、课程设计优先、课堂组织优先、主讲教师优先等多层次多方面的努力,实现人才培养本位或者育人本位。教学标准的设立以及重要地位,彰显着教育智慧以及教育理念。其次是科研理念,高校三大职能:教学、科研、社会服务。科研是教学的助力器,一位科研做得好的教师,其教学不会差到哪里去。科研标准不宜量化,数量代表不了质量,科研质量以及创新意识,解决实际问题的能力远远胜过一系列指标数据的堆砌。再次是师德层面,师德是调研中,也是现实中被高度重视的方面,师德直接关系到教师的工作态度以及工作热情,师德在本研究中还包括选聘到一位热爱教育、乐意教书育人的教师,合适的人比优秀更重要,尤其是在教师的选聘工作中。

最后是着重于教师的自身素质维度,更加侧重高校教师专业素质的考查标准,微观层面上,考查高校教师的个性特征以及从业动机,考查最为基本的教育教学技能技巧。

## 高校教师胜任力特征聚类依据及对应构建指标

| 名称 | 胜任力特征指标 | 对应构建一级选聘指标 |
|---|---|---|
| 美国专业教学标准委员会不同学科层次专业教学标准中共同部分 | （1）能基于对学生身心发展的理解，建立良好的师生关系<br>（2）能驾驭学科知识，将其与其他学科融通<br>（3）能选择、使用丰富多样的教学资源<br>（4）能为学生创设充满关爱的、令人鼓舞的、安全的学习环境<br>（5）能帮助学生面对具有挑战性的学习，从而有目的地提高学生的能力<br>（6）能在多元社会尊重多元价值并教会学生平等地对待每个人<br>（7）能运用多种方法帮助学生掌握知识并加强对知识的理解<br>（8）能培养学生的自我意识、人格、社会责任感及懂得尊重他人<br>（9）能运用多种评价手段获取反馈信息，并及时调整教学促进学生进步<br>（10）能经常有规律地分析、评价及强化教学实践的效果与质量<br>（11）能与家长配合做好学生的教育工作，实现共同的教育目标<br>（12）能与其他教师合作共同促进学校的发展以及提升专业实践 | （1）技能技巧<br>（2）知识体系<br>（3）教学标准<br>（4）教学标准<br>（5）技能技巧<br>（6）个人态度<br>（7）技能技巧<br>（8）个人态度<br>（9）教学标准<br>（10）教学标准<br>（11）个人态度<br>（12）个性动机 |
| 法国教师能力标准 | 教育体制中的责任：<br>（1）教师知道如何让不同学生懂得学习的意义<br>（2）教师应能测评教育和教学行为具体的社会作用<br>（3）教师应晓得教育行为对学生的持续影响，并能促进学生学级过渡<br>（4）教师应接受合作精神的培训，能与社会各界进行伙伴合作课堂教学中的责任<br>（5）教师应该了解其所教学科<br>（6）教师应该会建构教与学的情境<br>（7）教师会对课堂进行引导学校教育中的责任<br>（8）教师应了解学校及学生的特征与结构、资源与限制、运作规则，并了解学校运作和评估标准的意义和局限<br>（9）教师能与同事一起制订和实施由学校行政委员会确定的学校计划<br>（10）教师能与共同体其他成员一起探究教学问题，以期达到某种和谐<br>（11）教师要清楚学校里每个人扮演的角色<br>（12）教师要了解自己在不同的决策和协调机构中的责任<br>（13）教师要认识到学校内部规则的重要性，并能让学生理解其中的意义<br>（14）教师能与家长建立良好关系，并能与他们协作教育孩子<br>（15）教师能与其他教育人员一起参与对学生的学业跟踪与指导<br>（16）教师能与校外伙伴建立联系，从他们身上找到教学的资源和支持 | （1）技能技巧<br>（2）高校理念<br>（3）教学标准<br>（4）个性动机<br>（5）知识体系<br>（6）教学标准<br>（7）教学标准<br>（8）高校理念、学科规划<br>（9）高校理念、学科规划<br>（10）个人态度<br>（11）学科规划、系部规划<br>（12）高校理念、个人动机<br>（13）高校理念<br>（14）技能技巧<br>（15）技能技巧<br>（16）教学标准、个人态度 |

续表

| 名称 | 胜任力特征指标 | 对应构建一级选聘指标 |
|---|---|---|
| 我国学者王昱、戴良铁等研究成果 | （1）高校教师要有创新能力<br>（2）高校教师要有获取信息的能力<br>（3）高校教师要有人际理解力<br>（4）高校教师要有责任心<br>（5）高校教师要有思维能力<br>（6）高校教师要有关系建立能力<br>（7）高校教师要有成就导向 | （1）科研标准、技能技巧<br>（2）技能技巧<br>（3）个性动机<br>（4）个性动机<br>（5）技能技巧<br>（6）技能技巧<br>（7）个性动机 |

**高校教师选聘标准之运用与评估**

有关高校教师的选聘标准之运用以及评估，研究者进行了访谈调查，先后走访了省内四所高校人力资源管理部门，采访高校人力资源管理相关人员九人。被采访者信息如下：

| 受访者 | 性别 | 年龄 | 单位 |
|---|---|---|---|
| A | 男 | 46~60 | 湖南第一师范 |
| B | 男 | 30~45 | 湖南第一师范 |
| C | 男 | 30~45 | 湖南农业大学 |
| D | 女 | 30~45 | 湖南农业大学 |
| E | 男 | 30~45 | 湖南农业大学 |
| F | 女 | 30~45 | 湖南农业大学 |
| G | 男 | 60以上 | 湖南涉外经济学院 |
| H | 女 | 30~45 | 湖南女子大学 |
| I | 女 | 30~45 | 湖南女子大学 |

每一位受访者在接受采访之前均被告知了访问的目的，并承诺该访谈内容仅用作科研用途。访谈提纲如下：

| 序号 | 访谈问题 |
|---|---|
| 1 | 高校教师选聘标准实际运用过程中您估计将面临怎样的实际问题？如何完善？ |
| 2 | 请评估此指标，指出指标的运用方法，对后续三级评测点提出建议。 |
| 3 | 有关高校教师选聘标准制定，您的建议是什么？实际选聘工作中面临怎样的困惑或者问题？ |

在采访的过程当中，研究者就以上三个方面的问题与受访者进行了深入的访谈。

对于高校教师选聘标准在实际运用当中的问题方面，受访者的回复主要集中在以下几个问题：

| 每一位受访者意见 | 大多数受访者意见 | 一部分受访者意见 |
|---|---|---|
| 指标可以更精简。指标较为主观性，量化起来需要进一步的可操性更强的三级观测点。 | 如果使用指标评分，可辅助其他方式，综合性地考查一位教师。 | 1. 师德可以单独纳入一级指标，并给予更大的权重。<br>2. 指标区分度不是特别高。不利于统计和分析，指标边界之间不特别清晰。 |

受访者A说：

"一个是不好量化，这个怎么跟他们评，再一个就是一般应聘的有几十个人，人数太多不好量化，那么一量化的话，工作量比较大。我的意思就是说，能够简化一点最好。主要考虑三个方面：一个是教育教学，第二个是它的科研能力方面，再一个是它的学习能力、知识体系，都能够简化一点。"

受访者D针对这一问题回答说：

"可行性的话我相信你们这么科学的方法调研，主要是依据问卷调查，然后用科学的数学办法把它细化出来的。我们学校设计这个面试试讲打分表的时候，可能没有这么细化。对，这么细化没有，主要是我们还是刚刚讲的，专业素质，我们一般是大，就像你的一级指标一样，大的框架，因为小的框架暂时没有，小的指标我们暂时没有这样运用过。我只能说在这些因素上的考虑相对还是比较全的。但是根据各个学科各个专业的不同，不是所有的都这么综合地去对他进行评价。估计还是侧重点就是各有不同。"

请评估此指标，并指出指标的运用方法？并对后续三级评测点提出建议？

受访者A提出指标使用建议：

"教师的选举就等于博士的选举，你前面三项这个都可以不用考虑，就是它本身我们要进这个人的，这些方面来考虑。那个简化。这个科研能力就是看他博士论文，或者看他以前发表的论文，从数量和质量上面去考虑，去权衡。教学也要从他的那几个方面，教学设计、组织艺术这些都可以，教育教学规律，还要从他教学基本功的技能去考虑，你可以把它合并在一起就是技能技巧和教育教学，合成一个。然后从他个人的有态度、动机和知识体系，知识体系当中可以吧，然后把态度动机可以简单一点，也就说四个方面教学、科研、个人、知识体系，再就他们个人的动机态度，系统化的教学放到一起，再简化一下，要能够容易操作，甚至它也可以有一个自我测评，自己有一个测评，然后我们再给它一个评价。"

受访者D针对指标的运用，提出建议：

"问题的话就是说你们就按照这个打分。这些，我个人认为的话，这些二级指标的东西，我觉得都偏主观，就是说相对主观的东西量化出来不知道，可不可以有量化的这个可能。对，可能性，因为你想我们量化一般是用在什么地方呢，我们在人事工作当中的话，就是职称会有量化，他那个量化主要是针对什么，科研、教学，还是有客观的东西存在的。它可能相对没那么主观，像主观的这种东西我量化的话我就觉得它的合理性就不知道，就是说也许会有更科学的，像你们这种运用了那么多种工具和这个方法在里面的，就是说就我们来看的话不知道会不会运用得那么合理。其实我觉得，有一些你也可以把这个表啊，全是个人建议啊，就是比如说我们招聘的时候用一张这个表给我们，我们用小分也打一次，用大分也打一次，之后的结果是不是会比较一致。"

受访者G提出操作性的建议：

"你考验应聘者的教育教学能力除试讲之外，还有别的方法来衡量他的整体素质标准。这个只有通过学术委员会或专家小组充分的讨论他才能够达成共识。那么这个教授委员会应该从哪些方面来考核他，应该提供些什么资料，此时标准就是引导性的方面，可以研究。"

在评价指标的方面，受访者G继续提出建议：

"指标你是定了，就是按照指标去招聘人员，但是这个指标当中你有些之间是不是相互矛盾，相互统一，那你看综合的，这个人进来以后他符不符合你要求，要到实际中去考察，考察根据年度考察以及试用期考核，回过头来再看他有没有达到你预期的效果和目的，如果基本达到，还需要改进的地方可以和老师谈，如果说基本上达不到或与原来的预期相差较大，那可以通过别的方式去解聘或者什么，一般应该说不会出现那种状况。"

受访者E就指标的使用，建议如下：

"就是我刚开始讲的有一些教师在评判的过程当中，教学能力不强，在这个评价标准下，讲得不好就是教学不好。第二个的话就是你刚刚教学到底是打多少分标准合适，那只能是一个型，他最看重的是品德，比如说科研能力和教学能力都相当，而且科研能力，然后有一部分科研能力可能要强一些。那么，在进人的时候发展弱的那个人发展方向可能更贴切，可能要这个弱一点的，因为他这个方向很贴切呢，因为那个科研能力强的方向不贴切呢。所以说这个评判就有一个很科学的很难定出来的，这个基础上是一个相对基础分，就是这个标准也是一个基础分。"

有关高校教师选聘标准制定，您的建议，实际选聘工作中面临怎样的困惑或者问题。

受访者D回复：

"因为这个也没有很仔细地思考过，可能没有从专业角度思考，我现在发现有几个问题，就比如说应届毕业生，应届毕业生他进来，面试试讲进来他可能做了一些准备咯，可能表现出来的和你平时就是他进校之后的表现会不一样。就是说我觉得可能在这个招聘的过程当中，对于他的背景的调查可能是我们要更加重视的一点。因为现在高校招聘的话我们能搞人事的那个工作咯，事情就是非常多，就是招聘他，我们把这个招聘流程走完了，然后我们会发现这种问题呢，就是说可能是前期一些没有做这么多的大量的调查。对于他的一些了解，可能说他，因为他来到我们学校来的话，不仅是个工作关系，就是他还会有一些其他的附加的关系在里面。就是说他如果本人的表现可能是在当时的那个而且是比较好，但是他在人际关系处理，就是说与学生的沟通方面可能我们都不一定在短期的面试试讲完全了解的。所以说会有一些偏差，但是要解决的话，还是要有足够的时间去对他进行一些前期的了解，然后后期的一些考察。在这方面，我觉得很多高校都做得不够，因为人事方面的事太多了，没有那么多时间去做哪一项工作。另一个就是像老师，应届的老师，在培养方面，就是进校之后，大学里面本科的教育首先一点，对于这个大学生的一些培养，但是他其实就是一个应届生，在这个工作经验上是非常不足的，但是对于这一部分应届的老师进来还是需要大量地对他们这些教学方法啊，进行一些岗前的培训啊，也要重视。"

受访者F，这样说：

"个人动机这一块整个都很难量化。建议你添加'职业的规划'，个人的职业规划。这是我初步的想法，因为每个人他一旦来选择这份工作的话，他是不是对他以后的事业发展、职业的发展是不是有个规划？那个是不是比这个标准还好考量一些咯，是不是和个人动机更加契合，操作性更强。"

受访者H，提出实际选聘工作中的困惑如下：

"其实现在作为高校来讲，在人才队伍建设方面，最大的困惑是属于——因为现在全国都在创双一流，那么双一流的话，湖南它属于一个地域上不占优势，包括像我们学校，又是属于这种本科里面排在后面，属于'小妹妹'的学校，升本时间比较短，然后它的软件建设、硬件建设都还是处于起步阶段，各方面条件都受限固。我们凭什么去吸引人，凭什么去留住人。钱嘛，又只有这么多钱，长沙的地方嘛，又这么贵，房子嘛，又不太可能去帮他解决这个房子。然后现在，二本院校全都是实施公开招聘，全都是按程序，像这样的一个情况下，要想真正地去招聘到优秀的人才，我在这儿做了这么多年，其实我们作为人事部门，其实也是费尽心思，每年派出人参加各种招聘啊！其实老师真的很辛苦，我们领导很重视，我们校领导，去年、今年都是带队出去宣传，到各个高校去，到各个招聘点去，但是呢，最终你会发现，人往高处走，只要有更好的选择，好的人才就不会留……当然我们现在这个校长说了，这个就是招本省的人才，我们也不忍心利用我们唯一的优势——处于省会长沙，这是唯一的地域优势，但是我们也要支援那些地级市的建设啊，它们高校的发展也很艰难，这也不行，那也不行。校长说了，内部不能互相挖墙脚，经济发达地区咱抢不赢，我们兜里没钱，没这么好条件。人家那个好的学校，我们更抢不赢，我们也缺乏像他们那么好的学科专业建设平台。"

| 有关选聘标准的制定，几位受访者最为看重的几项指标总结如下：受访者A | 受访者C | 受访者G | 受访者H |
| --- | --- | --- | --- |
| 1．教育教学<br>2．科研能力<br>3．学习能力 | 1．学历职称<br>2．个人能力（教书育人、科学研究、技术学习）<br>3．学习题高的能力 | 1．学历职称<br>2．学术成果<br>3．热爱教育<br>4．师德师风<br>5．身体情况 | 1．知识体系<br>2．专业吻合度<br>3．技能技巧（岗位匹配）<br>4．教育经历<br>5．已形成成果（科研成果、业绩）<br>6．发展潜力 |
| 对应构建一级指标 | | | |
| 1．教学标准<br>2．科研标准<br>3．技能技巧 | 1．知识体系<br>2．技能技巧<br>3．技能技巧 | 1．知识体系<br>2．科研标准<br>3．个人态度<br>4．个性动机<br>5．基本条件 | 1．知识体系<br>2．知识体系<br>3．技能技巧<br>4．知识体系<br>5．科研成果<br>6．技能技巧 |

  关于高校教师选聘标准的构建必须满足高屋建瓴、蕴含理念、简洁精练、操作性强、适用性优等特点，方可进一步推广使用。清晰、定量、适时、适度、适合、可操作是选聘标准追求的目标，高校教师的选聘标准，本身离不开社会历史以及经济文化背景，离不开社会文化的大环境以及社会的变更及不同阶段的需求变化；另外大学教师自身的素质内潜性以及教师职业的特殊性、学术性，使得高校教师素质标准追求清晰、定量、可操作具有非常大的难度，但是这是不断努力的方向，所以以下评估的几大原则非常重要：科学规范、适度超前、简明扼要、综合效应。科学规范是指选聘标准应遵循各学科理论指导，尤其是教育教学规律指导，标准是理念的外化，需要遵循科学的灵魂；适度超前是指选聘标准应有一定的前瞻意识，社会在发展，时代在进步，"互联网+"加时代的教师选聘有何新的发展趋势？选聘标准要体现时代的特征；简明扼要是简单而丰富，标准需要简单明了，教师们以及管理者容易理解并运用，选聘标准是一个可操作性的、工具性的体系，要内涵丰富而外表简单明晰；综合效应是指选聘标准

代表着选聘工作的综合性以及复杂性，不同的高校还有着不一样的特征。选聘本身是个综合性极强的工作，涉及教育教学的方方面面，这应该是一个牵一发而动全身的高校管理制度改革的"扳机"。

结论：

不同视角和不同立场之间的差异制约着我们对当前教师聘任制改革的理解，也制约着高校管理者对具体问题的把握。研究者提出以下建议：

1．教学、科研单位在认真遵守学院师资遴选相关政策、规定的前提下，自主选拔高水平师资。要提前谋划，做好本单位师资队伍建设的中长期规划，不断优化师资队伍结构，提高师资队伍总体质量。

2．教学、科研单位要进一步加强新进师资的培养工作。在积极引进优秀青年教师的同时，认真制订新进教师的培养方案，提升他们的科研、教学能力，加速他们与学科和团队的融合。

3．相关职能部门要积极为二级学院服务，支持他们做好优秀师资选拔工作。

选聘标准层面上，首先，学术为重，能力为先。其次，教学为本，科研为重。最后，德才兼备，身心和谐。根据工作实际，进一步修订量化评价标准，完善由业绩、能力、知识、品德和贡献等要素构成的职称评价指标体系。要细化各类评审要素，按照行业特色、专业特点调整量化权重，引导专业技术人员不断立足本职岗位创新创业。要强化科技成果的转化，真正形成评价与使用相结合，解决当前存在的评价与使用"两张皮"现象，充分调动广大专业技术人员在创新驱动战略中的积极性和创造性。进一步健全评价方式。要根据不同类型、不同层级专业技术岗位的特点，不断改进和创新人才评价方法和手段，增强评价工作的针对性和科学性，根据不同类型专业技术人员的特点，继续采用笔试、考察、人机对话、论文盲评、教学测评等多种手段及定量与定性相结合的方式对参评人员的专业水平和能力进行综合评价，不得采取单一方式单一环节进行评审。对部分应聘人员要进行面试、试讲。有条件的还可以探索抽取异地评委、实行异地评审等方式，增强评价结果的公信力。

国际培训、绩效、教学标准委员会采用以下教师道德标准：称职的教师遵守已有的法律和道德标准，确保公正对待每一位学习者，并且尊重他们的隐私。教师要避免利益冲突，尊重版权等知识产权。此外，他们还要遵守组织机构和职业领域的道德规范，认识所从事的教育实践的意义。大学教师"师德"问题。考查道德水平有以下几个基本的方面：第一，对学生的感情，然后由此而及其对教育的感情；第二，对教学的热爱，热爱教学才可能使这种感情进一步强化；第三，学术诚实，这是学术道德的起点，也是其基点，对学术诚实的偏离也是学术腐败的起点；第四，进取心，这也包括对待竞争的态度，学术竞争不仅不可避免，而且是必需的；第五，教师职业是一个良心活，这种良心包括了对学术职业，以及教学生涯的基本操守，与基本坚持。本研究认为政治道德不应该成为衡量教师"师德"的主要标准。

高校教师职业是学术职业，是不同于企业、政府机构的职业，学术职业是一种专业化程度很高的职业，具有专业性、探索性、自主性和学科性等特点。故教师的选聘工作应该充分考虑学术职业的特点以及需要。

## 十、课题研究的成果及反响

公开发表4篇论文，1篇CSSCI，其他3篇均为省级以上刊物发表。

一是2019年11月《中国高等教育》（CSSCI）发表论文《地方本科院校青年教师选聘标准研究》）。

二是2019年11月《经营与管理》发表论文《日本滋贺大学教师选聘理念与方法研究》。

三是2020年8月《青年与社会》发表论文《高校教师选聘标准一分为三哲学阐释》。

四是2020年11月《长江丛刊》发表论文《提高小学教师专业化素质的途径研究》。

（一）研究理论成果得到了社会的认可

1. 课题研究主要成果论文《地方本科院校青年教师选聘标准研究》已在CSSCI刊物公开出版。该文对加强师资队伍建设具有一定的指导作用。

2. 课题组成员在理论研究与实践相结合的过程中承担了多项专业教学

改革项目，获得省级以上奖励4项，在省级以上公开刊物发表论文4篇，其中CSSCI论文1篇，部分论文被引用，论文成果获省级以上一等奖。

**（二）研究实践成果促进了学院的发展**

本课题研究成果在长沙师范学院试行、验证，使学院师资队伍建设水平得到了极大提高，说明选聘标准结构合理、理论支撑翔实，能对师资队伍建设产生积极的指导作用。具体成果如下：

1. 师资队伍建设方面：2017年以来，坚持引进与培养并重，切实加强师资队伍建设，努力提升师资队伍的整体水平。一是大力引进高层次人才。对学科带头人、专业带头人和学术骨干，给予较高的引进待遇，比如具有博士学位的紧缺学科教授，其引进待遇为安家费24万元、科研启动费8万元，并安置配偶或子女。引进教授8人、博士10人、副教授8人。二是"请进来""走出去"，邀请业界知名专家学者来校讲学，选派教师到北京、上海、广州、珠海等地学习调研，开阔教师的知识视野，提高教师的专业素养。三是积极支持教师申报高级专业技术职务，攻读博士学位、从事博士后研究。全校共有13人通过高级专业技术职务评审，其中正高4人；现有在读博士15人，在站博士后5人。教师队伍的职称、学历结构进一步优化，专任教师中高级专业技术职务113人（正高31人，占35%）；博士研究生学历18人，占5.6%；硕士研究生195人，占60.4%。

2. 课程体系建设方面：截至目前，已开出面向全校学生的校级公共选修课教育人力资源，每周4课时，连续开出一年时间，学生反馈好，评教结果优秀。

3. 专业教材体系建设方面：从内容质量、出版质量与职业能力三个方面严格把关专业教材质量，拟出版一部教育人力资源相关的校本教材，再进一步在省内高校推广。

4. 专业科研能力建设方面：2017—2020年度共立项的省厅级科研课题、项目3项；在省级以上刊物发表科研论文、作品4篇；1项科研成果获得省级科研成果一等奖；2项科研论文获得省级科研论文评奖二等奖。1项科研成果获得省社科联成果鉴定通过。

本课题的研究成果是课题组成员理论和实践探索的智慧结晶，具有较高的推广价值，可为大学师资队伍建设提供参考借鉴。

## 十一、问题讨论

高校教师选聘面临很多实质性的问题，比如经费、地域、偏门学科、周边环境等，教师不但选择职业，还选择一种生活方式，选择一种文化氛围，选择一种自我实现的肯定，这是一个综合性极强的相互选择；关于高校教师选聘标准的构建必须具有高屋建瓴、蕴含理念、简洁精练、操作性强、适用性优等特点，方可进一步推广使用。清晰、定量、适时、适度、适合、可操作是选聘标准追求的目标，高校教师的选聘标准，本身离不开社会历史以及经济文化背景，离不开社会文化的大环境以及社会的变更及不同阶段的需求变化；另外大学教师自身的素质内潜性以及教师职业的特殊性、学术性，使得高校教师素质标准追求清晰、定量、可操作具有非常大的难度，但是这是不断努力的方向。

针对以上存在的现实问题，提出以下建议：

一是加强规划，宏观把控，以文化氛围吸引优秀师资。

二是引进教师的同时，注重培养以及做好团队建设。

三是选聘指标方面，首先，学术为重，能力为先。其次，教学为本，科研为重。德才兼备，身心和谐。

四是在选聘标准构建当中，重视师德标准。严把选聘考核思想政治素质关。

五是切实扭转对教师从事教育教学工作口头重视，实质不够的现象。

六是调整完善科研评价导向。探索建立"代表成果"评价指标，科研评价指标不仅依据数量以及发表刊物级别评判，鼓励潜心研究、长期积累、厚积薄发，遏制急功近利的短期行为。

七是综合考评教师潜在能力。选聘有思考力的青年教师，潜在能力大、学习能力强的教师。

八是选聘标准传递着一所大学的"气息"，乃至最高文化，是每一所大学的"精神信息"所在，一所大学的选聘工作，是一项综合性的工作，也是高校推介自身、沟通人才的一个极佳的机遇。

教师的选聘工作应该采用多种评价政策联动机制，采用自评、学生评价、同行评价、领导管理者评价等多元评价主体联动，充分、全面考虑学术职业的特点以及需要选聘教师。

## 十二、参考文献

略

# 第九章 教育科研课题的结题鉴定

## 第一节 教育科研课题结题的基本要求

在某教育科研课题研究任务基本完成后,需要进行课题结题,主要是对研究过程与研究成果进行总结提炼、形成研究结题报告、申请专家鉴定和做好成果推广,从而为课题研究画上一个圆满句号[①]。这既是课题管理部门和承担单位对课题管理的基本要求,也是课题研究人员听取专家评议、反思研究过程和研究行为,更好地发现研究中存在的不足或是产生的新问题,为相关课题的深入研究开辟新的道路的需要。

### 一、课题取得预期研究成果

结题是课题研究的一项终结性工作,它以完成课题研究目标任务为前提。

课题研究是否达成预期研究成果,主要从以下几个方面进行评价:研究的目的、要求是否全部达到,研究各阶段、各方面的工作、活动是否全面落实,研究的成果质量、水平是否达到预期的目标,研究的各项资料是否完善、齐全。在对这些内容进行全面检查、梳理与分析的基础上,做出综合性判断,若都已达到预定目标和要求,即具备了结题条件,可以转入结题阶段;若某一或某几方面未达到或未完全达到预定要求,不具备或不完全具备结题条件,就要采取补充、改进措施。例如,某次调研活动流

---

[①] 高方银.行走在教育绿洲——一位亿佬族现代教育技术探究者的成长足迹[M].成都:西南交通大学出版社,2015:138-140.

于形式的，要重新组织调研；缺乏某些方面的研究资料，要进一步收集整理；数据统计有误的，要及时纠正；研究文稿一般化的，要认真讨论、修改；等等。

## 二、课题结题材料准备齐全

课题研究中收集和形成的各种资料，是课题研究过程与结果的反映，是对课题研究工作进行全面总结的重要依据。没有足够的研究资料，就无法进行课题总结；同样，仅有一堆粗糙的、杂乱的资料，也无法结题。

### （一）整理课题结题材料的基本要求

整理研究资料的基本要求是真实、可靠、全面，因此，整理课题结题材料须做到以下几点：

第一，认真鉴别。对课题研究领域的各种资料，要集中起来清理，对其可靠性及价值性进行认真鉴别，筛去其中不可靠、不必要的资料。

第二，合理分类。课题研究材料可分为参考资料与结题资料，要注意区分并明确结题资料范围。参考资料是在研究过程中收集的、与课题相关的材料，包括指导性材料、比较性材料、参考借鉴性材料等，大多是他人的、现成的和间接性的材料。结题材料则是课题组研究活动的产品，具体又可分为四类：第一类是成果性材料，包括主件和附件，主要有研究报告、论文、专著等文字材料及声像、图表、模型、器具、实物、磁带光盘等非文字材料；第二类是原始材料，即课题组为实现研究目标而获取的各种材料，包括在研究过程中进行观察、调查、实验或采用其他科研方法所形成的、具有一定价值的记录、表格、数据以及课题研讨咨询、论证等书面意见；第三类是课题工作材料，主要有课题申请评审书、批复文件、项目合同书、实施计划、阶段性总结等；第四类是成果效益与影响材料，主要有成果检验或试行效果、实验效果、应用效果，以及发表、交流、获奖、社会评价及反映等。科研成果的效益具有滞后性，一般课题在结题时不一定产生效益，但有些实验性课题，周期较长的重大课题，应当有一些有效益的材料。

第三，规范编目。对各种研究资料进行鉴别、分类处理后，填写资料类别、编号、名称、来源，规范编写目录。

## （二）课题结题材料的主要内容

一般而言，完整的课题结题材料主要包括以下几个方面：

1. 文件性资料

（1）课题申请评审书；

（2）课题立项通知书；

（3）开题报告；

（4）课题设计方案、计划（该部分可与"开题报告"合并，也称开题报告）；

（5）阶段性总结报告（如季度、学期、年度或中期总结报告等）；

（6）研究工作报告；

（7）研究总报告（该部分也可与"研究工作报告"合并，即为"课题研究结题报告"）。

2. 过程性资料

（1）文字资料：各种调查问卷表与调研报告，课题实施过程中出现的案例、随笔、经验总结以及教师参加研究培训活动等文字资料，研究过程记录表。

（2）音像资料：各类观摩课、研讨课、示范课等光盘，与课题相关的各类软件光盘，与课题相关的各种活动光盘。

3. 成果性资料

（1）论文、论著；

（2）与课题相关的获奖证书；

（3）课题研究效果、形成的教育理论等隐性和显性成果；

（4）体现课题研究特色的其他资料。

论文、论著与证书是研究成果的体现，是课题能否结题的必备条件。同一类材料装入档案盒后，要在档案盒正面标注研究课题名称及单位、日期，侧面要贴好分类标签。提交材料整理得规范有序，一定程度上可以证明课题研究的积极性、有序性和研究过程的真实可靠，也便于专家组鉴定结题时的检查审阅。

## 第二节 教育科研课题结题的方式

课题的开始是申报，而课题的结束是结题。课题结题是为了给该课题画个句号，需要评审专家对课题研究成果进行验收。课题结题的基本方式主要有以下两种：

### 一、会议鉴定方式

会议鉴定，即以会议的方式对成果进行鉴定和评估。在会议鉴定前一个月，课题组应以口头或书面形式向主管部门提出鉴定申请，并同时或随后呈递成果主件、附件及研究工作总结报告（其中应包含对成果的自我评价及经费使用情况）等材料。鉴定会议之前半个月或最少一周，负责组织鉴定的部门就会议鉴定材料分别呈送给参加鉴定的成员，并请他们提前审读成果材料，做好会议鉴定准备工作。

### 二、通信鉴定方式

通信鉴定和会议鉴定要求相同。不同的是鉴定组成人员要以通信的方式先将鉴定评估意见寄给主任或组长，主任或组长汇总后再征求各成员意见或付诸表决。这种背靠背的通信鉴定方式，大多数人认为是一种省时省经费的好的鉴定方式，其最大的好处是各成员能有足够的时间审读成果材料，充分准备鉴定意见，且受人际关系的影响较小，相对比较客观、公正、公平。

## 第三节 教育科研成果的应用与推广

### 一、课题成果应用与推广的内涵

教育科研课题成果应用与推广是指有计划、有步骤地将教育科研课题成果的内容通过一定的方式、途径进行传播，并在一定的范围内，使之转化为教育效益的过程。首先，教育科研课题成果的应用与推广必须有计划、有步骤地展开，无论是官方组织的还是自发进行的。其次，教育科研课题成果的传播是应用与推广的先导和基础，没有传播，应用与推广也就无法开展。最后，应用与成果推广是一个过程，是一个应用教育科研课题成果使之产生教育效益的过程。优质教育科研课题成果的应用与推广是一种既重结果也重过程的活动，两者必须兼顾。

推广的本质在于应用。推广应用视教育科研课题成果的内容、类型和接受者条件而定，可以是模仿迁移，也可以是创造性运用。有些教育科研课题成果具有很强的可操作性，尤其是中小学学科类的课题成果，操作程序、方法、步骤、手段十分清晰，可以模仿迁移；综合性的教育科研课题成果的推广，有一个学习、吸收、内化、外显的过程，必须结合自身的教育实践创造性地运用。

### 二、课题成果应用与推广的意义

教育科研是潜在的教育生产力，只有通过推广和应用并在实践中加以"消化"才能转化为现实的教育生产力，其科学价值和实用价值才能得到社会的认可，真正发挥社会效益。具体而言，教育科研课题成果推广具有以下几点意义：

### (一)检验教育科研课题成果的价值

教育科研课题研究的成果,特别是应用性研究成果,其终极目标是将经验推广、成果应用物化为教育质量的提高。在整个教育科研课题研究进程中,不断地传播改革经验、推广已有成果,不断地物化为教育质量的提高,是教育科研课题研究的根本目的。教育科研课题成果的推广应用,是教育科研效益发挥的重要途径,是教育科研课题发展的重要基础,也是推动教育改革和发展的重要方式。任何一项成果的获得,都意味着对该现象认识的新的开始,因为绝大部分教育科研成果都是在局部的有限的范围得出的认识,受教育条件的局限和教育因素的复杂性的影响,这种认识往往只具有相对的真理性。因此,只有通过多次反复研究,广泛实践,才能形成更完整、更科学、更成熟的认识。研究—总结—推广—再研究—再总结—再推广,只有在这种锲而不舍的推广过程中,研究的成果才能不断往更广更深的领域拓展。教育科研课题成果的推广为研究结论的验证提供了可能和保证。从这个意义上说,"推广"实际也是进一步地研究,是丰富和发展成果内容的有效方式。

### (二)提高教师素质,扩大科研队伍

一方面,教育科研课题成果的推广是教育科研全过程中的重要环节,且这种推广并非完全是行政命令驱使的整体行为,而是靠学术型、交往式、选择性、自发性的科研活动,通过开展研讨式学习、创造性应用活动,实现对成果的吸收、再造,进一步增强教育科研能力,完善教育科研课题研究成果。另一方面,教育科研课题成果推广是吸收先进教育理念,进行教育改革实践的过程。在这个推广过程中,成果的接受者要熟悉成果的内容,体会原成果的理论框架及研究思路、研究方法和手段,有一个"认识—实践—再认识"的不断深化过程。教师只有通过接受和操作课题成果,加深对科研知识的理解,教育科研的水平才能逐步提高,科研队伍才能逐步扩大。从这种意义上说,课题成果推广也是进行师资培训,提高教师业务知识和教育素养、扩大科研队伍的有效途径之一。

### 三、课题成果推广的条件

虽然教育科研成果一般都具有科学性、先进性和实践性，但不是所有的教育科研课题成果都具有推广的可能。思辨性、探讨性的纯学术基础理论成果、调查论证性成果，通常不容易在操作层面移植、推广。相对基础理论成果，应用性、开发性课题研究成果推广的可能性更大。但是，也不是所有的应用性、开发性课题研究成果都可以推广。教育科研成果的推广是有条件的。对要求运用成果的单位和推广者来说，必须有所选择。一般而言，教育科研成果推广的条件主要是以下两个方面：

（一）自身条件是推广的基础

一是先进性。一般来说，推广的成果应具有明显的先进性，在理论、思想、方法、技术和工艺方面处于领先位置，在内容和结论上有独特、新颖之处，这类成果才有较强的吸引力。

二是针对性。即研究成果对当前教育改革中迫切需要解决的实际问题具有针对性。只有具备这种针对性的研究成果，才能为教育教学改革提供全新的理念和可操作的方法，受到教育机构的欢迎。

三是成熟性。推广的成果应经过教育实践和逻辑上的反复检验、论证，结论可靠，符合教育规律。

四是效益性。成果只有好用、管用，才能被实践者乐于接受，推广这样的成果才可能取得明显的社会效益。

五是可行性。成果的理论简明、方法易学、操作简便、可重复再现。

（二）外部条件是决定推广可能性的关键

成果推广的外部条件有五种：领导重视程度；有传播媒体和学习资料；有推广的指导者；推广单位领导、推广者乐意接受或不反对；有良好的成果推广环境和氛围。实践证明，教育行政领导是否参与、教育科学研究机构是否指导、推广者是否乐意接受是教育科研成果推广效益、范围的大小乃至成败的关键。

## 四、课题成果推广的实用方法

### （一）开展专题报告会

专题报告会是就某一专业话题而举办的专场讲学活动。通过举行专题报告会，对某一教育科研课题成果的理念、思想、操作方法以及应用中需要注意的问题进行介绍，由于其主题明确、资料详尽，成果研究者既能现身说法，也能现场答疑，因此，该方法常能起到事半功倍的效果，是教育科研课题成果推广的有效途径之一。

### （二）开展学术研讨和经验交流会

学术研讨和经验交流会具有专业特点，与会者大多是同行，他们在介绍自己科研成果和经验的同时，既能相互切磋，又能相互借鉴，不仅能推广自己的科研成果，又能在与他人的交流中吸取经验，进一步完善自己的科研成果。

### （三）开展现场观摩会

现场观摩会是一种更直观、更具体的成果推广方式，一般以听取示范课、查看档案资料、介绍经验的方式进行。通过听取示范课，与会者能详细了解教育科研课题研究成果在课堂教学中的具体运用，包括操作步骤、方法、过程和效果。观摩结束后，再组织查看档案资料和经验交流介绍，明确该科研成果的指导思想、理论依据、总体思路等，从感性认识到上升理性认识，从而对整个科研成果有一个完整的了解。开展现场观摩会，能使科研成果的推广更加具体、生动、形象，是教育科研课题研究成果的最有效途径之一。

## 五、课题成果推广的注意事项

### （一）注重整体性

一些学校在推广的过程中，缺乏整体性，往往出现传播不完整、落实不具体、有太大的随意性等问题。整体性是保证课题推广成功的前提，大家一起研究、一起操作、一起反思、一起创造。从领导到教师，从教师到学生，从学生到家长，一同合作，以确保成果推广的成功。

### （二）注重灵活性

成果推广不是机械地操作，它是可以变化的，在实施过程中，应根据所在区、县、学校、班的不同实际进行灵活的调整，这样，课题推广的实用价值更大。但是灵活不是多变、随心所欲，灵活是一种机智、机敏，它在推广中起到润滑的作用。

### （三）注重辐射性

实践是检验成果的唯一标准，只有经得起实践检验的成熟成果才便于推广应用。然而，一些教育科研成果往往因缺乏信度和效度而不利于辐射，要么缺乏稳定性，使用同样的研究方法却得不到同样的结果；要么结果难以被证明，可以被精确解释的范围不大甚至不能被科学解释，研究成果能被推广的条件也不佳甚至不能被复制。

### （四）注重效益性

科研成果走向市场是发展的必然趋势之一。成果推广的市场化是成果实行优胜劣汰的过程，这就要求教育科研成果要体现出一定的社会效益或经济效益，从而提高教育科研课题研究的持续发展能力，促进更多新成果的问世和转化。

## 六、课题成果推广的原则

### （一）需要性原则

选择符合推广单位发展方向和迫切需要的教育科研课题研究成果开展相关的推广活动。这种有选择的推广不仅能满足接受者对推广课题成果的需求，也能保证推广活动顺利有效进行。如果离开了这种需要，成果推广就无从谈起。

### （二）指导性原则

教育科研课题研究成果的推广，是为了推广单位更有效地进行教育教学改革实践。离开了指导，研究成果的先进性和生命力在教育教学改革实践中就不能很好地体现。成果推广的指导性体现在三个方面：一是成果的研究者对成果运用者的指导。二是成果推广的组织者——教育行政部门或业务部门对成果运用单位的指导。有的成果操作性比较强，运用者可能通过学习、内化，结合实际情况顺利地进行运用；有的成果操作性不强，则需要进行转化。通常，基层教师在转化的过程中会存在一定的困难。所以，成果推广的组织者必须对推广单位尤其是实践运用者进行指导，帮助运用者更深刻地理解原成果核心思想，把握成果所揭示的先进教育规律和阐明的先进知识和方法论，确保推广不走样。三是成果本身的指导。成果的先进性，往往反映在成果的指导性上，当成果的运用者按照成果所提供的方法步骤进行教学实践时，成果的先进性就会体现出来。优秀的教育科研成果将改进教学的进程和效果，产生新的教育效益。因此，要加强成果研究者和成果运用者之间的联系，通过不断反馈，更好地发挥成果推广的指导作用。

**（三）操作性原则**

在选择教育科研课题成果时，应当选择适合于应用的、可操作的成果。教育科研课题研究成果一般可以分为两类：一类本身就具有可行性和可操作性，拿来就可以用，但是目前这类成果还不多；另一类则是研究者在理论与实践的结合上做了研究，取得了很好的成果，揭示了新的教育规律，但是还没有成为可以操作的技术开发性成果，还需要进行拓展性研究。因此，在进行教育科研课题成果推广时，应尽量把成果转化，整理出一系列可操作的产品，如书籍、玩具、多媒体课件等，这样才可能最大限度地提高推广的成功率。

## 七、课题成果推广的策略

**（一）转变急功近利的成果效益观**

不正确的观念阻碍了教育科研成果的推广应用进程。许多人对教育科研缺乏科学的态度，对"科学技术是第一生产力"的含义理解不深甚至出现误解，认为第一生产力就是直接生产力，进而以为教育科研可以直接转化为教育效益。这种要求教育科研"立竿见影"的急功近利观念无疑妨碍了教育科研成果应有效益的发挥，使得教育科研成果和人才难以得到应有的重视和尊重，不可避免地挫伤了教育科研人员的积极性。教育的对象是人，因而教育科研成果转化为直接的生产力要有一个效益周期。我们要允许暂时的相对滞后效应的存在，不能轻易地在短时间内对一项教育科研成果下绝对肯定或否定的结论，尤其是基础理论性成果推广应用的评价更不能操之过急。无论是由教育科研得出的对教育现象和规律的新认识还是提出的新概念或新学说，其理论的深度和广度如何，具有多大的价值，大多不是在短期内就可以确定的。我们要以发展的眼光看待教育科研成果的推广应用。论文或专著的发表是基础理论性成果推广应用的主要途径，但论文的发表数量或专著的出版情况只能部分地反映其成果的水平和价值。只有当论文中的观点或论据被他人参考、借鉴、引用或用以指导实践时，成果才应视为被推广应用。因此，要对教育科研成果尤其是基础理论性成果的推广应用做出正确的评价，还需要对其进行一段时间的跟踪。

（二）加强教育科研成果推广应用的"供需结合"

教育科研成果的推广应用，既需要成果生产单位的"生产与供应"，也需要成果应用单位的积极响应，"供"与"需"要紧密结合。

第一，教育科研成果要努力解决教育改革与实践中的实际问题，产生"有的放矢"的优秀成果以供推广之用：一方面，我们应在做好基础研究的同时加强应用研究和开发研究，努力将教育科学的理论研究成果应用于教育实践，为教育改革和发展提供科学、可行的设计思路和方案，直接为教育实践服务，为科研成果的推广打下坚实的基础。另一方面，我们要倡导以课题为中介的合作研究和交叉研究，拓宽教育科研成果推广途径。根据课题的性质和实际需要，组织教育理论工作者与实践工作者共同参加联合课题组进行合作研究。例如教育理论工作者与教师合作在学校中进行教学改革实验研究，与教育管理人员就宏观决策问题进行合作研究等。同时，鼓励在基础研究、应用与开发研究上各有主攻方向的教育科研工作者进行适当的交叉研究。以基础研究为主的，也要开展应用与开发研究；以应用与开发研究为主的，也可从事一些基础研究。

第二，提炼教育科研成果，提高其信度和效度。实践是检验教育科研成果的唯一标准，经得起实践检验的成熟的教育科研成果才能得到大力的推广应用。因此，有必要对科研成果进行必要的分析，找出能突出其精髓的要点，编成成果公报；将教育科研成果放到教育实践中加以检验，去除一些"想当然"的成分，提高其信度和效度。

第三，在教育科研成果的推广应用过程中，我们应始终关注成果应用的自愿性、适用性和针对性。成果研发者和应用者要"两厢情愿"：前者既要有转让的愿望又要有接受检验的勇气，后者要充分认可、接受该成果并愿意在本校做推广实验；成果应用者在应用某项成果时，要充分考虑其与本校的办学目标、办学特色是否一致、吻合；成果研发者要理性地选择自己的合作单位，成果的应用单位也须考虑自己是否具备相应的教育教学条件，教师队伍是否符合要求等。研究者可按一定的标准精选合作单位，并确定一些教育科研成果进行推广应用，然后召开成果推广应用研讨会，让"供需"双方明确各自的职责：成果研发者主要承担指导工作，在指导中进行研究；成果应用者主要是学习和应用，在学习和应用中研究。总之，教育科研成果的研发者与应用者要密切合作，进行"捆绑式"研究，责任共担、经费共用、成果共享。这样既可以检验和完善成果，又可以积累成果推广经验，在成果研发与推广应用之间探索出一条成果转化的新路。

附：课题管理办法
　　结题实施细则

# 湖南省教育科学规划课题管理办法

第一章　总则

第一条　为加强和完善我省教育科学规划课题管理，提高教育科学规划课题的研究水平和效益，更好地发挥教育科学研究对教育改革与发展的促进作用，从我省实际出发，特制定本办法。

第二条　湖南省教育科学规划课题研究要高举中国特色社会主义伟大旗帜，以新时期党中央治国理政新理念新思想新战略为指导，紧紧围绕建设科教强省和基本实现教育现代化战略目标，以及深化教育综合改革和提高教育质量根本任务，针对湖南省教育改革发展的全局性、前瞻性、战略性、现实性问题和人民群众关心的教育热点、难点问题组织开展研究，为教育改革和发展实践服务，为教育宏观决策服务，为全面发展和繁荣教育科学服务。

第三条　湖南省教育科学规划课题面向全省，公平竞争，择优立项，保证重点。实行目标管理与过程管理相结合、重点管理和一般管理相结合、集中管理和分级管理相结合。

第二章　组织

第四条　湖南省教育科学规划领导小组（以下简称"领导小组"），是湖南省教育厅领导全省教育科学规划工作的机构，统筹管理全省教育科学规划工作。领导小组下设湖南省教育科学规划领导小组办公室（以下简称"省教育科学规划办"），主要职责是：1.编制全省教育科学研究的发展规划和课题指南；2.组织申报并协助管理我省的全国教育科学规划课题；3.组织开展省教育科学规划课题的立项，以及立项课题的协调、检查、指导、奖励、成果推广、经费管理等方面的日常工作；4.负责组织省教育科学研究优秀成果评奖；5.开展教育科学研究信息服务、经验交流和成果推广等；6.在省哲学社会科学基金委员会办公室授权和指导下，承担省社科基金教育学专项课题管理职责。

第五条　省教育科学规划工作实行分层管理。省教育科学规划办承担对省教育科学规划课题的归口管理工作，课题的日常管理工作委托省教育厅直属单位、高校、市州教育科学规划课题管理部门作为省教育科学规划课题委托管理机构（以下简称课题委托管理机构）具体负责。

第六条　省教育科学规划课题实行分级立项评审和结题。资助课题由省教育科学规划办组织，一般（自筹经费）课题由课题委托管理机构组织。

第七条　建立湖南省教育科学规划课题咨询评审专家库（以下简称专家库），实行动态管理，专家库成员每五年一届，可以连任。省教育科学规划办根据工作需要在纪委的监督下随机从专家库中抽选相关专家组成若干评审组，负责省教育科学规划课题的评审、开题、中期检查、结题、评奖等工作；组织相关专家开展教育科学研究信息服务和学术咨询活动。

**第三章　选题与类别**

第八条　省教育科学规划办根据湖南教育科学研究五年规划，结合湖南教育改革发展的新情况和新问题，商省教育厅相关处室，并经专家论证会论证，动态发布全省教育科学规划年度课题指南。省教育科学规划课题的选题，要以湖南省教育改革发展的重大理论与实践问题为主攻方向，突出应用研究，关注基础理论研究，鼓励新兴交叉边缘学科研究和跨学科综合研究，避免低水平重复研究。

第九条　省教育科学规划课题设重大招标委托课题、重点资助课题、一般资助课题、青年资助课题和一般（自筹）经费课题等类别。根据需要设立相关研究领域的专项课题。

第十条　省级党委、政府及教育行政部门亟须研究的个别重大问题，可由省教育科学规划办统一收集，报省教育科学规划领导小组主要负责人审定，作为重大委托课题单独立项，立项时间不受限制。

**第四章　申报**

第十一条　规划执行期间，每年组织一次课题申报和评审。省教育科学规划课题的申请人应符合以下条件：

1. 在湘在职工作的各级各类学校和其他教育机构的教育工作者及党政机关从事有关教育管理工作的人员。

2. 必须能够真正承担和负责组织、指导课题的实施。

3. 只申报了一项省教育科学规划课题（包括省教育科学规划专项课题），且以往承担的省教育科学规划课题已经结题。

4. 青年资助课题的申请人及核心成员的年龄未超过35周岁。

第十二条　省教育科学规划课题实行限额申报，申报指标由省教育科学规划办根据教师数量、已立项课题研究质量、课题委托管理机构管理水平、课题立项率、课题结题率以及当年全省课题立项总数等因素按因素分配法分配，随年度课题申报通知发布。

第十三条　每年自申报通知发布之日起，申请人可从湖南教育科学规划网下载《湖南省教育科学规划重大招标课题申请·评审书》《湖南省教育科学规划课题申请·评审书》（以下简称"申请书"）及有关材料。

申请人应根据课题指南和申请书的要求，认真、如实填写，并送所在单位审核。

第十四条　申请人所在单位按本办法第十二条的规定进行审查、签署意见，并承诺提供研究条件和承担课题管理职能及信誉保证。

第十五条　在规定日期内，课题委托管理机构将审查合格的申报资助课题的申请书集中报送省教育科学规划办。省教育科学规划办不受理个人直接报送的申请书。一般（自筹经费）课题的申请书由课题委托管理机构受理。

第十六条　省教育科学规划办在受理课题申报时，不收取课题评审费和管理费。省教育科学规划办用于课题评审和日常管理的经费由省财政拨付，额度为课题资助专项经费的5%以内。

**第五章　评审**

第十七条　省教育科学规划课题实行同行专家评审制。根据评审需要，每次在纪检监察的监督下从专家库中随机抽取部分专家组成评审组，进行评审。实行评审回避制度，凡申报了课题的专家库专家和有关工作人员不得参加评审工作。

第十八条　省教育科学规划资助课题的评审工作，由省教育科学规划办在领导小组的领导下负责组织。成立评审委员会，负责课题评审工作的指导、监督和终审等。评审采取匿名初评和实名复评相结合的方式。评审程序为：

1. 资格审查。省教育科学规划办按照本办法第十二条和申报的要求对申请人的资格进行审查，合格者进入初评。

2. 匿名初评。评审组成员依据统一制定的评审细则，对通过资格审查的课题进行匿名初评并打分，省教育科学规划办根据初评分数按一定比例由高分到低分确定立项入围课题。

3. 实名复评。对入围的课题，由评审专家依据匿名初评结果，在对课题申报材料进行认真比对、充分评议的基础上，按课题立项数确定拟立项课题建议名单，提交评审委员会审定，确定拟立项资助课题。

第十九条 省级重大招标课题的立项评审，由省教育科学规划办在领导小组的领导下负责组织。评审程序为：

1. 资格审查。申请人在满足本办法第十一条规定的前提下，还必须满足有三个（包括）以上申请人同时竞标同一课题才能进入评审的条件。

2. 开标。由省教育科学规划办主持，在申请人检查投标文件的密封情况后开标。

3. 审阅投标文件。评审专家独立审读课题论证等相关文件。

4. 论证、质询与评议。申请人进行课题论证陈述，评审专家对课题论证进行质询并听取答辩，在此基础上对申请人进行综合评议。

5. 评审投票。评审专家对投标申请进行投票表决。

6. 获得投票通过的拟立项课题建议名单报评审委员会审定，确定拟立项重大招标课题。

7. 没有达到三个申请人竞标的课题，由省教育科学规划办提交评审委员会审议。如果具有重大研究价值，且该课题申请人有深厚的研究基础、扎实的前期准备、高水平的研究团队，对课题论证充分、合理，能够胜任该课题的研究，且有2/3的评委投票赞成，可拟立项为重大委托课题或重点资助课题。

第二十条 一般（自筹经费）课题的评审由课题委托管理机构组织。

立项指标由省教育科学规划办随年度课题申报通知发布。课题委托管理机构按照评审要求认真组织评审，评审程序必须公平、公正、公开。在规定的时间内，课题委托管理机构按照立项指标将拟立项的一般（自筹经费）课题名单及材料报送到省教育科学规划办。省教育科学规划办提交评审委员会审定，确定拟立项一般（自筹经费）课题。

第二十一条　省教育科学规划办对评审委员会确定的拟立项课题在网上进行公示，公示期为7个工作日。公示期满，对无异议的课题由省教育科学规划办报领导小组审批后立项并公布。对被实名举报、存在异议的课题，省教育科学规划办通知课题申请人所在单位的科研管理等部门进行核实，并在规定时间内书面回复情况说明，如有重大问题由省教育科学规划办直接进行调查核实；在此基础上，省教育科学规划办决定是否报领导小组审定立项。

第二十二条　经批准立项的课题，由领导小组正式下达《湖南省教育科学规划课题立项通知书》，通知课题申请人所在单位和课题申请人。

第二十三条　评审专家和工作人员必须严格遵守下列评审纪律：

1. 不得以任何理由查询或透露有关课题论证活页的背景材料。

2. 不得泄露评审过程的有关情况，不得在正式公布之前泄露会议评审结果。

3. 不得违反廉政纪律的相关规定。

第六章　经费

第二十四条　湖南省教育科学规划课题研究专项经费保持稳步增长。

第二十五条　课题资助经费一次核定、包干使用、超支不补。

第二十六条　资助课题主持人接到资助课题经费通知后，按课题资助经费使用范围开支。

第二十七条　在财务制度和国家、省有关规定的范围内，课题资助经费由课题主持人按计划自主分配。课题主持人所在单位的省教育科学规划课题管理部门和财务部门对课题资助经费实施具体管理，并对经费使用行使监督、检查职责。

第二十八条　对课题主持人工作调动、出国、生病、死亡或其他客观原因不能继续研究而中止的课题，停止继续拨款，并追回已拨经费的剩余部分。

对违反本办法的有关规定或者其他主观原因被按规定予以撤项的课题，将停止拨款，并追回已拨出的全部款项。

第二十九条　一般（自筹经费）课题经费的筹集和使用必须符合国家有关财务制度，并由出资单位或课题主持人所在单位参照本办法的规定进行管理。

**第七章　课题日常管理**

第三十条　课题日常管理由课题委托管理机构负责，主要内容包括：开题、中期检查（抽查）等。

省级教育科学规划课题主持人及其所在单位要按本办法有关规定做好课题自我管理，采取措施切实加强对课题研究过程的检查和督促。

省教育科学规划办对课题研究情况和各委托管理机构课题管理情况进行必要的检查。

第三十一条　课题主持人接到立项通知后，应尽快确定具体的课题研究实施方案，在三个月内组织开题，并及时将开题报告上报省教育科学规划办。

第三十二条　课题重要活动和重要阶段成果应及时报课题委托管理机构和省教育科学规划办。各课题委托管理机构将视课题完成周期，适时组织对省级规划课题进行中期检查，中期检查的结果及时上报省教育科学规划办。

第三十三条　凡有下列情况之一者，须由课题主持人提出书面请求，经课题委托管理机构同意，报省教育科学规划办审批：

1．变更课题主持人；

2．改变研究方向；

3．对研究内容做重大调整；

4．变更课题管理单位；

5．课题完成延期半年以上或再次延期。

对未经批准，擅自进行上述变更的课题，将不予结题。

第三十四条　凡属下列情况之一的课题，由省教育科学规划办予以撤项：有严重政治问题；剽窃他人成果；弄虚作假；成果学术质量低劣；严重违反财务制度；有第三十三条原因不能结题的。

第三十五条　课题结题未被通过的，可允许课题组在一年内对成果进行修改、加工，并在规定期限内重新申请结题；结题仍不合格的，按未完成处理，予以撤项。

第三十六条　省教育科学规划课题完成时间一般不超过3年。课题主持人应按时完成课题研究任务。确因特殊情况不能按时完成的，可向省教育科学规划办申请延期，但延期不得超过2年。课题自立项之日起超过5年研究期限仍未结题的予以撤项。

第三十七条　撤项课题除经费按照本办法第二十八条执行外，主持人自撤项之日起三年内不能申报省教育科学规划课题。对管理不到位的课题委托管理机构，将减少其下一年度的课题申报指标。

第三十八条　加强对课题设立实验学校（实验基地）、开展评奖活动、刻制课题组印章的管理。

严格控制实验学校（实验基地）的设立。课题设立实验学校（实验基地）和开展子课题评奖活动，事前要经过课题所在单位同意，并报省教育科学规划办审批。实验学校（实验基地）一般不得以课题名义挂牌。

课题组原则上不得自行刻制印章，一般以所在单位代章即可。

**第八章　结题**

第三十九条　省教育科学规划课题达到预期的研究目标，形成一定的研究成果，可以申请结题。

第四十条　所有申请结题的课题必须提交齐全、规范的结题材料。结题材料应包括《结题申请书》、研究成果主件（包括研究报告、成果复印件、成果公报）、附件（包括立项通知书、中期检查报告、获奖证书及其他证明材料）。

资助课题的结题材料经课题委托管理机构审核、签字、盖章后，在规定的时间统一报送省教育科学规划办。一般（自筹经费）课题的结题材料由课题委托管理机构受理。

第四十一条　课题结题的方式：

1. 验收审核结题。一般（自筹经费）课题申请结题的，由课题委托管理机构进行验收审核，结论为合格与不合格。课题委托管理机构在规定的时间将合格课题名单统一报送到省教育科学规划办。

一般资助课题、青年资助课题申请结题的，由省教育科学规划办审核验收，结论为合格与不合格。

省教育科学规划办对验收审核合格的课题颁发结题证书。

2．会议鉴定结题。重大招标（委托课题和重点资助课题）必须进行会议鉴定结题。由省教育科学规划办协商主持人所在单位、课题委托管理机构聘请同行专家4~5人对课题成果进行鉴定。会议鉴定结题等级分为不合格、合格、良好、优秀。省教育科学规划办对鉴定为合格（包含以上等级）的课题颁发结题证书和成果鉴定书。其他类型课题如主持人自愿要求，向省教育科学规划办提交申请报告，亦可组织会议鉴定结题。

省教育科学规划办和会议鉴定结题评审专家应在认真阅读研究成果的基础上，对照课题申请书预期目标，实事求是地对课题提出客观、公正、全面的意见，并进行等级评定。

3．免于鉴定结题。对产生高级别研究成果和重大社会影响成果的课题由省教育科学规划办直接验收并评定为优秀等级，颁发结题证书和成果鉴定书。

省教育科学规划办定期对通过结题的课题进行网上公布。

**第九章　成果的宣传、推广和评奖**

第四十二条　省教育科学规划办及其委托管理机构、各课题组和课题组所在单位，应积极采取各种措施加强对省教育科学规划课题成果的宣传、推广和转化，充分发挥其在教育决策、教育改革和发展实践中的作用。

省教育科学规划办对具有重要应用价值和学术意义的成果要及时摘报教育决策部门，并广泛宣传。

省教育科学规划办及其委托管理机构、课题所在单位应积极协助优秀成果的出版。

省教育科学规划办及其委托管理机构不定期召开课题成果报告会，发布研究成果信息，组织多种形式的专题培训或学术研讨，促进成果的应用推广。

第四十三条　省级教育科学规划各类课题的阶段性成果和最终成果，在出版发表或向有关领导部门报告时，须在醒目位置标明"湖南省教育科学XXXX规划课题阶段性或终结性成果"和"课题批准号"，以扩大省教育科学规划课题研究的影响。

第四十四条　根据《湖南省教育科学研究优秀成果评选奖励办法（试行）》的规定设立湖南省教育科学研究优秀成果奖。每三年开展一次，奖励在教育科研工作中取得突出成绩的集体和个人。

### 第十章　附则

第四十五条　本办法自2017年7月3日起施行，原《湖南省教育科学规划课题暂行管理办法》同时废止。

第四十六条　本办法由湖南省教育科学规划领导小组办公室负责解释。

# 湖南省教育科学规划课题结题实施细则
## （2018年9月修订）

### 第一章　总则

第一条　为规范省级教育科学规划课题管理工作，提高课题研究成果质量，根据《湖南省教育科学规划课题管理办法》的有关规定，并参照《全国教育科学规划课题结题鉴定细则》制定本细则。

第二条　省级教育科学规划课题达到预期的研究目标，形成一定的研究成果，可以申请结题。资助课题（包括重大课题、重点资助课题、一般资助课题）和青年资助课题的结题由省教育科学规划领导小组办公室负责组织。一般（自筹经费）课题的结题由省教育科学规划领导小组办公室委托省教育厅直属单位、高校、市州教育科学规划课题管理部门（以下统称课题委托管理机构）负责组织。

第三条 课题结题坚持质量第一的原则，重点审核课题最终成果的质量和学术水平。在坚持正确政治方向的前提下，把成果质量和创新性放在首位，注重实际价值，严把质量关。

**第二章 成果要求**

省级教育科学规划课题结题最终成果的基本要求：

（一）重大课题（含重大招标、重大委托课题）

重大招标课题，以投标申请书承诺的成果为准；重大委托课题，以委托时的成果要求为准。

（二）重点资助课题

完成1篇决策咨询报告，并获得省、部级以上领导的肯定性批示，或被省直厅局级以上党政领导机关完整采纳吸收（须附有基本材料和相关证明）；或者在省级以上学术期刊上（包括有正式刊号的大学学报）发表学术论文4篇，其中在北京大学图书馆中文核心期刊上发表学术论文1篇；或者出版学术专著一部。

（三）一般资助课题（含青年资助课题）

完成1篇决策咨询报告，并获得省直厅局级以上领导的肯定性批示，或被省直厅局级以上党政领导机关采纳吸收（须附有基本材料和相关证明）；或者在省级以上学术期刊上（包括有正式刊号的大学学报）发表学术论文3篇；或者在北京大学图书馆中文核心期刊上发表学术论文1篇；或者出版学术专著一部。

（四）一般课题（自筹经费）

在省级以上学术期刊上（包括有正式刊号的大学学报）发表学术论文2篇；或者出版学术专著一部。

（五）课题最终成果在实践应用上产生重大影响的，可以应用成果形式申请结题，对政策咨询报告、论文、专著等不做要求。

第五条 省级教育科学规划课题结题最终成果的认定标准：

（一）课题主持人至少是1篇代表作（专著或论文或者决策咨询报告）的第一作者或者独立作者。

（二）研究成果必须与研究主题相关，与研究主题无关的不得列入研究成果提交。

（三）研究成果必须源自课题研究，学位论文、博士后出站报告等不得作为课题研究成果提交。

（四）被省直厅局级以上党政领导机关采纳吸收的证明材料须加盖省直厅局以上党政领导机关的行政公章。

（五）所有公开发表的学术论文字数原则上须达到3000字。

（六）所有决策咨询报告、学术论文和专著都必须标明"湖南省教育科学规划课题研究成果"字样及课题批准号，且是唯一明确标志。

### 第三章　结题方式

第六条　省级教育科学规划课题的结题方式有三种：验收审核结题、会议鉴定结题、免于鉴定结题。

（一）验收审核结题

1. 一般资助课题（含青年资助课题）和一般（自筹经费）课题的结题方式为验收审核结题。

2. 一般资助课题（含青年资助课题）由省教育科学规划领导小组办公室组织同行专家采取集中审核或者网上审核的方式对申请结题的课题进行验收审核。专家提出能否通过结题的明确意见，省教育科学规划领导小组办公室根据专家意见，给出课题验收审核的结果。

3. 一般（自筹经费）课题由课题委托管理机构组织同行专家采取集中审核的方式对申请结题的课题进行验收审核。专家提出能否通过结题的明确意见，课题委托管理机构根据专家意见，给出课题验收审核的结果，在规定的时间将验收合格课题名单统一报送到省教育科学规划领导小组办公室。

4. 省教育科学规划领导小组办公室对验收合格的课题名单报请领导审定之后统一网上公布并颁发结题证书。

（二）会议鉴定结题

1. 重大课题（含重大招标、重大委托课题和重点资助课题）的结题方式为会议鉴定结题。一般资助课题（含青年资助课题）的研究成果达到了重点课题结题的基本要求，主持人提交书面申请到省教育科学规划领导小组办公室，获得批准后，可以进行会议鉴定结题。一般（自筹经费）课题成果达到了重点课题结题的基本要求，主持人提交书面申请到课题委托管理机构，获得批准后，可以进行会议鉴定结题。

2. 重大课题（含重大招标、重大委托课题）、重点资助课题、一般资助课题（含青年资助课题）申请会议鉴定结题的课题，由省教育科学规划领导小组办公室组织同行专家进行鉴定。一般（自筹经费）课题申请会议鉴定结题的课题由课题委托管理机构组织同行专家进行鉴定。每项课题的鉴定专家一般为4~5人。课题主持人所在单位的人员不得担任该课题鉴定专家，同一单位参与同一课题的鉴定专家不超过2人，鉴定专家须具有高级专业技术职称或职务，学风端正，学术造诣深厚，学术判断能力强。

3. 鉴定专家公正、公平、客观、准确地评价课题研究成果，在认真审读研究成果的基础上，对照课题申请书预期达到的目标，参照本细则结题成果基本要求的相关规定，鉴定组专家集体评议，形成综合性鉴定意见，提出课题鉴定结果及鉴定等级。

4. 课题委托管理机构把一般（自筹经费）课题的鉴定结论果及鉴定等级统一报省教育科学规划领导小组办公室，省教育科学规划领导小组办公室对通过会议鉴定结题的课题进行审核，报请领导审定之后，上网公布并颁发结题证书和成果鉴定书。

（三）免于鉴定结题

1. 对产生高级别研究成果和重大社会影响成果的课题由省教育科学规划领导小组办公室直接审核，免于鉴定。

2. 免于鉴定的条件：

①除重大课题之外的课题主持人为第一作者的研究主体成果，获省部级以上奖励的。奖项必须为政府所颁发，包括：国家教学成果奖、全国教育科学研究优秀成果奖、高等学校科学研究优秀成果奖（人文社会科学）、国家科学技术奖以及省级社会科学优秀成果奖、省级教学成果奖、省级教育科学研究优秀成果奖和省级科学技术进步奖等。

②重点课题最终成果的主体部分获省、部级以上领导肯定性批示且

被省直厅局级以上党政领导机关完整采纳吸收，并附有基本材料和相关证明。一般资助课题（包括青年资助课题）和一般（自筹经费）课题最终成果的主体部分被省直厅局级以上党政领导机关完整采纳吸收，并附有基本材料和相关证明。

③除重大课题之外的课题主持人为第一作者的研究主体成果在《中国社会科学》《求是》《新华文摘》《教育研究》《心理学报》或国外专业刊物发表或转载，并有唯一明确标志，或有2项以上（含2项）在人大《复印报刊资料》全文转载的，并有唯一明确标志。

④除重大课题之外的课题研究成果被全国教育科学规划领导小组办公室编发的《成果要报》或者湖南省教育科学研究院编发的《教育决策参考》采用，并有唯一明确标志。

3. 达到上述免于鉴定结题条件之一的课题提交一套完整的结题材料到省教育科学规划领导小组办公室申请免于鉴定结题。省教育科学规划领导小组办公室对申请免于鉴定结题的课题进行审核，通过审核的报请领导审定之后，上网公布并颁发结题证书。

**第四章　成果等级**

第七条　对省教育科学规划课题研究成果从科学性、创新性、规范性、难易程度、应用价值五个方面进行等级分类评价，根据专家的意见，综合确定成果的等级。

第八条　省级教育科学规划课题研究成果分为优秀、良好、合格和不合格四个等级。

（一）验收审核结题的课题，达到课题结题要求的，等级均为合格。

（二）会议鉴定结题的课题，经过专家从五个方面评议，可以确定为优秀、良好、合格与不合格。达到课题结题最终成果的基本要求，并且符合成果认定标准的课题，等级为合格；专家认定课题成果具有较大创新性和应用价值的可以定为优秀等级，优秀等级的课题不超过当批次申请会议鉴定结论题课题数量的20%；介于合格与优秀等级之间的课题成果，可以定为良好等级，良好等级的课题不超过当批次申请会议鉴定结题课题数量的30%。

（三）免于鉴定结题的课题成果等级均为优秀。

**第五章　结题程序**

第九条　申请结题的课题必须提交齐全、规范的结题材料。结题材料包括《湖南省教育科学规划课题结题申请书》、研究成果主件（包括研究报告、成果复印件、成果公报）、附件（包括立项通知书、开题论证书、中期检查报告、获奖证书、变更批复文件及其他证明材料）。结题材料的表格和样本，可从湖南省教育科学规划网下载（http：//www.hnjykxgh.com/）。

第十条　所有申请结题的课题都需要通过网上申请（重大课题和专项课题除外），把完整的结题材料按照要求上传到系统。《湖南省教育科学规划课题结题申请书》中课题委托管理机构的签字、盖章必须上传原件扫描件；课题研究成果必须上传原件扫描件。

第十一条　申请验收审核结题的课题不需要再提交纸质结题材料。申请免于鉴定结题和会议鉴定结题的课题在网上提出申请、将结题材料上传到系统之后，需要再递交纸质结题材料。纸质结题材料须统一用A4纸左侧装订成册。申请免于鉴定结题的，须报送纸质结题材料1套；申请会议鉴定结题的，须报送纸质结题材料5套。

第十二条　省教育科学规划领导小组办公室受理结题材料的时间为：每年的3月、6月、9月、12月的1—15日。结题材料由课题委托管理机构在规定的时间内统一报送，省教育科学规划领导小组办公室原则上不受理个人递交的材料。课题委托管理机构受理结题材料的时间可以参照省教育科学规划领导小组办公室受理结题材料的时间。

第十三条　省教育科学规划领导小组办公室或课题委托管理机构在收到结题材料后进行初步审查。审查通过即组织结题工作，结题工作原则上在收到申请人送交的结题材料后两周内完成（遇节假日顺延）。

第十四条　省教育科学规划领导小组办公室或课题委托管理机构组织同行专家对初步审查通过的课题进行审核或鉴定。课题委托管理机构在每年的3月、6月、9月、12月的月底把验收或鉴定合格以上的一般（自筹经费）课题的名单报送到省教育科学规划领导小组办公室。

第十五条　通过审核或者鉴定的课题，由省教育科学规划领导小组办公室颁发结题证书。结题证书统一发放到课题委托管理机构，课题主持人到课题委托管理机构领取。审核或鉴定未通过并在研究期限内的，省教育科学规划领导小组办公室或课题委托管理机构将意见反馈给课题主持人，课题组根据专家意见进行修改完善，重新申请结题。

第十六条　凡涉及课题重要事项变更的，按照《湖南省教育科学规划课题管理办法》第三十三条执行。申请变更课题主持人的须符合下列条件之一：

1. 课题主持人因病不能继续工作或者去世的；
2. 课题主持人工作变动，离开湖南省的；
3. 课题主持人离职，不能继续从事课题研究工作的；
4. 课题主持人退休，不能继续从事课题研究工作的。

第十七条　申请变更课题主持人的，由主持人提出书面申请（主持人去世的除外），课题委托管理机构签署意见，新主持人签字确认，并上报省教育科学规划领导小组办公室审批。申请变更课题主持人原则上在课题立项后一年内进行，超过一年的不予变更。

### 第六章　奖励与处罚

第十八条　省教育科学规划课题实行结题优秀等级奖励制度。对于结题鉴定为"优秀"等级的课题主持人，在后续课题申请评审时，给予平均分增加3分的倾斜政策，优先立项。对课题结题优秀率和结题率均排名全省同类地市或同类高校前5名的课题委托管理机构将酌情增加省教育科学规划课题的申报指标。

第十九条　所有违反《湖南省教育科学规划课题管理办法》规定的课题，遵照《湖南省教育科学规划课题管理办法》予以撤项，课题主持人3年内不能申报省教育科学规划课题，主持人所在的课题委托管理机构，将被减少下一年度的课题申报指标。予以撤项的课题将根据《湖南省教育科学规划课题管理办法》的规定停止拨款，并追回已拨出的全部款项。

第二十条　课题主持人所在的课题委托管理机构应认真审核结题材料，严格把关。对把关不严的，由省教育科学规划领导小组办公室记入不良信誉档案，通报批评；情节严重的，酌情减少申报指标。

**第七章 附则**

第二十一条 本细则的解释权和修改权属省教育科学规划领导小组办公室。

第二十二条 省教育科学规划专项课题的结题参照此细则执行。

第二十三条 本细则自发布之日起开始施行。本细则施行前的有关规定，凡有不符的，均以本细则为准。

# 参考文献

[1] 孙泽文, 等. 教育科学研究的特征、层次与价值思考 [J]. 教学与管理, 2016 (27): 11-14.

[2] 钱爱萍, 吴恒祥, 赵晨音. 教师怎样做课题研究 [M]. 北京: 中国轻工业出版社, 2007: 19.

[3] 来凤琪. 教育研究的方法、步骤、逻辑及其发展 [J]. 开放教育研究, 2017, 23 (03): 29-36.

[4] 张卫星. 课题研究框架图的逻辑结构类型及内涵 [J]. 江西教育, 2022, 1190 (15): 8-11.

[5] 孙红, 陈雄章. 试论人文社会科学科研课题申报及设计论证 [J]. 郑州铁路职业技术学院学报, 2009 (04): 78.

[6] 党永生. 教研论文撰写导航: 我的教研苦旅 [M]. 兰州: 甘肃教育出版社, 2015: 239-249.

[7] 庞立场. 教科规划课题研究方法运用的现状与思考 [J]. 教育科学论坛, 2019, 484 (34): 35-38.

[8] 姚继琴. 教师撰写课题研究报告的误区与解决策略 [J]. 襄樊职业技术学院学报, 2012 (03): 105-108.

[9] 高方银. 行走在教育绿洲——一位仡佬族现代教育技术探究者的成长足迹 [M]. 成都: 西南交通大学出版社, 2015: 138-140.